高职院校
管理与服务信息化

王安雷　著

南京大学出版社

图书在版编目(CIP)数据

高职院校管理与服务信息化 / 王安雷著. - - 南京：
南京大学出版社，2024.12. - - ISBN 978 - 7 - 305 - 28605
- 6

Ⅰ. G718.5

中国国家版本馆 CIP 数据核字第 2024RL9154 号

出版发行　南京大学出版社

社　　址　南京市汉口路 22 号　　　　邮　　编　210093

书　　名　**高职院校管理与服务信息化**
　　　　　GAOZHI YUANXIAO GUANLI YU FUWU XINXIHUA

著　　者　王安雷

责任编辑　钱梦菊　　　　　　　编辑热线　025 - 83592146

照　　排　南京开卷文化传媒有限公司

印　　刷　江苏凤凰数码印务有限公司

开　　本　718 mm×1000 mm　1/16　印张 16　字数 206 千

版　　次　2024 年 12 月第 1 版　2024 年 12 月第 1 次印刷

ISBN 978 - 7 - 305 - 28605 - 6

定　　价　56.00 元

网　　址：http://www.njupco.com

官方微博：http://weibo.com/njupco

微信服务号：NJUYUNSHU

销售咨询热线：(025)83594756

前　言

随着"互联网+"时代来临，云计算、大数据、人工智能、物联网等信息技术迅速普及，高职院校传统的管理与服务模式受到了前所未有的冲击和挑战。如何应对社会快速发展的现实，成为高职院校信息化行政管理与服务建设亟待解决的一个问题。高职院校的信息化建设是一项长期性、系统性的复杂工程，是全局性高度的革新，但革新从来都不容易。高职院校信息化建设涉及方方面面，且投入巨大，改造哪些系统，更换哪些设施，采用哪些技术，是全面改造还是部分升级，这一系列的问题都颇费思量。在具体实践中，负责信息化规划建设的部门受限于高层管理者支持力度、部门间配合力度、信息化经费投入等众多因素，使得很多高职院校在推进信息化建设过程中困难重重。

针对当前存在的种种问题，笔者给予高度关注和精心研究，结合多年来工作经验，费时一年多，勉力完成这本书稿。

本书着重探讨高职院校信息系统与信息管理的概念、特点和相互关系，从高职院校管理与服务的信息化建设的必要性、实现高职院校行政管理与服务的信息化建设的路径方面进行梳理，围绕加强基础设施建设、树立信息化的管理理念、提升行政管理人员的信息技术能力、重视行政管理信息化的考核与激励、健全信息化管理制度等方面进行了探索。

本书结合国内外管理理论与实践的最新发展，突出了作者对于高职高专管理的研究与体会，力求在传统中写出新意，努力使理论靠近学校管理的实际理念，做到理论、实践、案例相结合。

本书得以顺利出版，要感谢徐州生物工程职业技术学院的领导和同事们鼎力支持和热情帮助，感谢南京师范大学张一春教授及中国人民大学复印中心刘亚力主任的指导，感谢南京大学出版社全力协助。

在编写过程中，本书借鉴、吸收最新理论、实践成果，参考了国内外专家、学者的著作和相关文献资料，由于篇幅有限，未能在书中一一列出，在此深表歉意，并对各位作者表示衷心的感谢。

由于作者学识短浅，水平有限，书中难免存在疏漏之处，敬请广大读者和各位专家批评指正。

王安雷

2024 年 6 月

目　录

第一章

绪　论

　　信息化发展对进一步提高高职院校行政管理服务的综合水平提出更高的要求，因此，高职院校应重视行政管理与服务的信息化发展，应将信息化管理与教学服务有效结合在一起，这对高职院校的战略发展水平提升有现实意义。以信息化行政管理与服务为发展目标，则应结合高职院校的实际情况，充分利用现代科学技术，从教育改革与发展的角度，对信息资源进行合理应用以及整合应用，提高高职院校行政服务水平。高职院校的信息化行政服务工作，则是在行政信息标准化处理以及综合发展的视角下，创建门户网站以及信息管理系统等，通过行政管理模式的优化，实现高职院校行政管理与服务的信息化发展水平提升。在教育资源、教学方法等创新发展的视角下，高职院校的信息化水平逐渐提升，以信息技术为依托，尝试行政管理与服务模式的改革，对提高高职院校的行政服务效率有促进作用，且可在行政管理与服务中，对信息资源进行整合与协调，实现高职院校行政管理与服务行政管理与服务水平的综合提升。

一、高等教育发展对高职院校行政管理系统提出新的要求

　　高等教育的创新发展，以高职院校的文化软实力为基础，所以高职院校应以行政管理服务为手段，通过协同管理、信息技术的有效应用，实现高职院校的行政管理与服务水平提升。根据党的二十大报告的相关要求，高职教育的创新发展，应重视高职院校的内涵式发展，高职院校在发展和运作过程中以质量提高为核心增长模式，要注重加强学校理念、学校文化建设，在信息化行政管理与服务的基础上，重视信息化行政管理服务与高职行政信

息化工作的同步发展。信息技术水平的提升是高等教育稳定发展的基础条件，所以，高职院校行政管理与服务的综合发展，应在探索综合型人才培养模式的前提下，实现高职院校行政管理与服务的创新发展。

二、信息技术的不断发展和国家对信息化建设的重视

教育技术创新发展对高职院校行政管理的信息化、系统化发展提出了新的要求，对进一步推进高职院校的稳定、创新发展有促进作用。因此，在实现信息化建设中，信息技术的改革与发展，在各领域中的应用也逐渐广泛。1946年，第一台电子计算机应用于实践中，为信息传播媒介的创新发展提供了新方向。随着信息技术的多元化发展，在实现信息技术资源整合与更新发展中，则需要以信息技术的革新为背景，并通过技术资源整合，实现教育信息化建设和与发展水平的综合提升。1993年，改革开放后，重视国内的信息化建设与发展，并组建信息技术研发团队，从而实现信息技术的应用价值提升。为了振兴我国计算机和集成电路事业，为推动电子计算机的广泛应用，1982年，国务院成立了计算机与大规模集成电路领导小组，国内信息技术的研究与发展进入发展期。1987年，国家经济信息系统基本组建完成，并通过信息技术拉动市场经济的创新发展。1996年，在建立经济信息系统后，重点放在信息技术的研发方面，并将信息技术应用于行政办公领域中，从而提高行政办公质量与效率。信息技术的快速发展与国家政策支持有直接关系，通过信息技术人才的培养，实现信息技术的应用领域拓展。1997年，以国家信息化"九五"规划以及

2010 年的远景目标为导向，通过信息技术的整合应用，实现信息技术的综合发展水平提升。1998 年，国内信息技术呈现多元化的发展趋势，且社会信息化建设的相关工作也铺展开，在信息技术战略化发展的视角下，以经济信息化发展为核心战略，实现信息技术的综合应用水平提升。2008 年，工业和信息化部针对信息技术的开发与应用进行监管，并从信息技术实践应用的角度，对信息技术的功能、应用领域等进行拓展，从而满足信息技术创新发展的综合需求。2014 年，为促进信息技术的创新应用，从信息技术安全、技术资源整合的角度，深入信息技术的研发工作，并从信息网络安全、信息技术应用的角度，推动信息技术的多元化发展。2018 年，以信息安全与国家信息化建设为核心战略目标，将信息化资源应用于各行各业中。以信息技术实现跨行业合作，并在互联网背景下，通过信息挖掘以及信息资源整合，实现信息化建设水平的综合提升。

从教育领域的角度分析，在实现信息资源整合与信息化建设下，以教育信息化发展为纲领，利用信息技术，实现行政信息化工作的创新与改革，促进行政信息化工作的创新发展。根据 2016 年由中共中央办公厅、国务院办公厅印发的《国家信息化发展战略纲要》，在特色化、持续化、信息化发展中，重视信息技术在教育领域的应用，则以教育与信息技术的高度融合为基础，从网络建设、信息发展的角度，提高高职教育的综合发展水平。随着国家对高职教育信息化发展越来越重视，在实现信息化行政管理与服务中，以信息技术为手段，将行政管理与教育服务有效融合，改变高职院校行政管理模式，调整高职院校的行政结构，提高信息化实践发展水平的同时，提高高职院校的综合发展水平。

在国家政策支持下，高职院校行政管理与服务的信息化建设与发展，以国家政策为导向，从强国战略的角度，对信息技术在高职院校行政管理与服务中的实际发展进行拓展，从而实现科技强国、信息强国的战略发展目标。在中国特色社会主义道路下，以信息技术驱动高职院校行政管理与服务的现代化发展，则是在分析高职院校综合发展需求的前提下，从信息化教育发展、行政服务的角度，对高职院校行政管理与服务的发展有现实意义。随后，在《国民经济和社会发展第十三个五年规划纲要》中，我国提出要实施网络强国战略，广泛运用信息网络技术，努力推动经济社会发展与信息技术深度融合。同时，推动实施大数据战略，实现数据资源共享、开放和开发应用，促进产业升级和社会治理创新。2021年，国务院印发了《中华人民共和国国民经济和社会发展第十四个五年规划和2035年远景目标纲要》，提出我国要加快数字化建设，无论是在经济方面、社会方面还是在政务方面，都需要以信息技术推动变革，打造数字经济、建设数字社会、构建数字政府、营造数字生态。

三、高职院校教育体系的信息化建设

信息化行政管理与服务工作的创新发展，对高职院校和教育体系的创新发展有促进作用。现代信息技术在高职院校领域的应用，以前沿科技、科学技术分析、信息资源共享的角度，促进高职院校的信息化、现代化发展。信息技术在高职院校行政管理与服务方面的应用，则是在信息化发展的角度，对行政信息化管理机制进行拓展，从而推动高职院校行政管理与服务的创新发展。

在这一阶段，我国设计、建立了中国教育科研计算机网，为我国高职院校行政管理与服务建设奠定了基础。特别是近十年来，人们越来越注意到数据和互联的重要性，大数据时代和"互联网＋"时代应运而生。互联网、大数据和新媒体在各行各业中得到更多形式的运用，不仅受到各类高职院校的青睐，更是在高职院校改革过程中起到了不可忽视的作用。信息化建设已成为高职院校改革和发展不可忽视的重要因素。因此，借助信息化手段，提升高职院校行政管理水平成为高职院校发展不可或缺的环节。

在当今互联网和大数据迅猛发展的时代背景下，信息化成为世界发展的重要且必然趋势，是推动经济、政治、文化、社会发展的重要力量。高职院校的行政管理系统在整个高职院校中扮演着纽带角色，起到承上启下的作用，涉及行政、科研、人事、财务、后勤等各个部分，行政管理系统是否合理高效运转，关乎整个高职院校办公的顺畅与协调。在"互联网＋"时代背景下，高职院校纷纷进行改革，而高职院校行政管理系统的改革也势在必行。除了树立创新管理理念、改善管理体制机制外，结合互联网和大数据的信息化建设也成了各所高职院校正在探索的新方向。高职院校行政管理与服务信息化建设有助于科学简化行政管理各环节的工作流程，减少冗余复杂的形式过程，提高行政管理效率；有利于探索如何将教学信息化、科研信息化、财务信息化、人事信息化、后勤行政管理与服务信息化、学生行政管理与服务信息化等相融合，用统一的标准进行系统规划，避免各行政部门进行各自为营的信息化建设，增强各部门之间的办公协同性；有利于探索、建立科学、高效的信息化平台，真正实现信息开发、资源共享、高效办公，实现高职院校数字化行政管理；有利于推动高职院校完善相关制度，为行政管理与服务信息化建设提供制度保障；有利于提高高职院校对信息化建设过程中基础设施投入的重视，为实现行政管理与服务信息化提供基础条件。

"互联网＋"时代高职院校行政管理与服务信息化建设研究将对信息化建设实践起到一定的指导作用，使高职院校行政管理更加规范化和智能化，以适应时代发展的需求。同时，规范的信息化行政管理为"互联网＋教学""互联网＋科研"提供强有力的支持，使高职院校行政部门以更专业、高效、优质的体系服务于教师和学生。同时，以技术和数据为主的业务规范流程可以有效调节行政人员的经验主义行为，为决策者提供有效依据，有利于提高整体组织决策的科学性。以高职院校行政管理与服务信息化建设为抓手，推进高职院校在"互联网＋"时代的改革，提高办学水平，推动教育现代化建设，体现新时代高职院校与时俱进的开拓创新精神，更加有效地发挥人才培养作用，推动我国高等教育事业发展。

第二章

高职院校信息化规划与建设

第一节　信息化规划

高职院校信息化建设与发展，则需要从战略规划与发展的角度，加强信息技术在高职院校资源、课程、管理等方面的应用，从而推动高职院校的信息化发展。在这一视角下，为全面推进职业教育、教学以及管理的信息化建设，进一步强化广大师生的信息素养以及信息技术的应用能力，提高高职院校教育信息化的应用水平以及效能，突出高职院校信息化办学特色，则需要对高职院校的信息化发展规划体系进行完善。

一、高职院校信息化规划的指导思想

高职院校信息化的关键是实现信息技术与课程的整合，重视信息资源与课程资源的整合，转变现有的职业教育模式，拓展学生的知识获取渠道，有助于进一步提高高职院校信息化建设与发展的综合水平。因此，结合高职院校信息化建设与发展的综合需求，在实现行政信息化工作创新发展中，可对职业课程与信息技术进行整合，从而实现职业行政信息化工作的创新发展。

二、信息化规划的基本原则

坚持育人为本的基本原则，紧扣立德树人的根本任务，面向新时代以及未来社会人才培养需求，根据新一代信息技术探索育人新模式，全力建设信息化应用体系，从而加快以学生为中心、产出为导向的新型职业教育生态。在这一过程中，提高师生信息素养，提升教育质量，从而促进师生的全面发展。

坚持统筹规划的基本原则。立足高职院校面向新时代的职业育人要求，以高职院校信息化建设为契机，围绕高职院校信息化建设的整体发展战略，全力提升高职院校信息化水平，从而为职业院校高水平学科建设以及一流人才培养提供有效保障。

探索信息化技术与教育教学的全面深度融合，充分利用物联网、5G、云计算、大数据、人工智能等新一代信息技术，推进建设包括技术生态、应用生态、协作生态、服务生态、安全生态在内的智慧高职院校生态体系。

以服务和用户体验为中心，利用教育大数据技术驱动业务、服务和改革，为人才培养、科学研究、行政管理和后勤保障提供精细化的信息服务和可靠的决策支持，建立智慧高职院校协同服务新机制，为智慧高职院校建设提供持续动力。

三、高职院校信息化规划的主要目标

围绕高职院校"依法治校、民主管理、以人为本、科学发展"的办学理念，以服务师生教与学为宗旨，加强教育信息化建设的顶层设计和统筹管理,进一步提升高职院校信息化水平,构建融合创新的信息化生态体系,全面提升信息化支撑服务一流学科建设和一流人才培养的能力,基本建成支撑"高水平高职院校"发展水平和建设目标的教育信息化体系。以基础设施、数据标准、网信安全体系建设等为基础,加快应用生态、服务体系的建设,发挥信息化在教育教学、科学研究、人才培养、高职院校治理能力提升方面的支撑与赋能作用,利用教育大数据技术驱动服务精细化、管理精准化和决策科学化,建设具有职业院校特色的智慧高职院校。进一步完善健全信息化体制机制、培育高水平信息化队伍、提升信息化建设绩效,使信息化工作总体水平、创新能力持续走在同类高职院校前列。

四、高职院校信息化规划的主要任务

在利用信息技术对高职院校信息化建设进行优化中,则以高职院校信息化环境建设为基础,并重视高职院校网络的管理与维护。与此同时,加强班级多媒体设备的有效管理与使用,从高职院校办公室计算机、打印机等信息设备使用的角度,逐步提高师生的信息化设备的规范使用能力以及信息化意识,促进高职院校的信息化发展。在对高职院校的信息网络进行完善中,则需要从职业教育发展需要的角度,对高职院校网络、信息技术设备管理等进行优化,发挥网络优势,完善职业教育体系的信息化机制,从而提高教育收益。与此同时,在实现信息化规划中,应加强对现代教育技术手段应用于职业教育的相关研究,并将信息技术与学科课程有效整合在一起,在改变信息化学习环境的基础上,以信息技术突出学生的主体作用，从而实现高职院校的信息化发展水平提升。

实现高职院校信息化规划与发展中，应根据职业院校的综合发展需求，加大信息化相关硬件投入，添置相关信息化办公设备，在加大硬件维护的基础上，为师生提供有效的信息化学习环境。在拓展硬件投入与建设发展中，则需要考虑高职院校信息化发展需求，对信息化办公设备的实际应用进行升级与更新，从而满足师生信息化学习的综合需求。从高职院校软件建设的角度分析，则可从高职院校网站建设的角度，以高职院校文化为依托，改进高职院校网站主页，并结合高职院校的实际发展，对高职院校网站进行定期更新，丰富高职院校网站内容，以高职院校网站打造特色化的职业教育品牌，这对高职院校的社会公信力、品牌效应提升有促进作用。高职院校信息化的规划与发展，还应加强应用，服务职业教学。突出信息技术在高职院校管理中的作用，从信息技术与学科教学整合的角度，对高职院校的网络管理模式以及职业教育信息化发展等进行整合，从而实现高职院校信息化发展水平提升。统筹各级各类教育育人目标和信息化发展需求，将信息化规划充分融入高职院校的各项事业中，引领信息化推进与教育改革的协调发展。有计划、有目标、有步骤地稳步推进各项信息化建设任务，确保全校信息化建设工作的平稳有序进行。

升级高职院校网络基础设施及智慧教学条件。以新校区建设为契机，在规划设计阶段，综合考虑信息化基础设施的建设与升级空间。完成高职院校骨干光纤的升级，高职院校网络的扩容提速，出口总带宽较"十四五"期间增加50％以上，并实现"多网融合"，实现高职院校数字网络的高密度、高质量、全覆盖。建立

VPN、DNS、DHCP、网络认证等核心基础网络服务，改善师生用网体验。规范数据中心基础设施架构，按照统一标准集中建设高效、可靠的基础设施云平台。优化数据中心网络架构，为教学部门开展线上线下协同教学、虚拟仿真实验等提供良好的基础设施保障。提升智慧教室建设标准及智慧教学支撑水平，持续迭代信息化教学设施，不断改善信息化教学环境，建设多种形态的互动研讨教室。完善和优化教学常态化录播系统，为教学的科学评价、教学资源的生成提供信息化支撑。借助最新无线技术拓展教学空间，打造"云端"课堂，为高职院校办学提供支撑。

助力提升高职院校信息化治理能力。始终坚持以师生为中心，牢固树立为师生服务的理念，并将其作为所有信息化治理工作的出发点和落脚点。准确把握师生需求、积极回应师生关切，推动管理和服务模式的改革与创新，提升师生满意度。全面推进校级数据中心平台等公共系统的建设，完成校级数据标准的制定，重点开展师生数据的源头治理，逐步建立完善数据交换规范，以提高高职院校管理服务业务的规范化、流程化、便捷化水平，有效助力高职院校信息化治理能力的提升，为人才培养、科学研究提供全方位的支持，为各级管理人员提供决策支持，实现决策的精准化与科学化，为高职院校治理能力提升提供有力支持。

探索创新高职院校信息化运营机制。在网络基础设施改善和信息系统建设的同时，探索创新高职院校信息化的长效运营服务机制。根据高职院校办学特点和师生需求，从网络基础保障、邮件服务、软件使用服务、高职院校自助服务、人工智能服务等方面，探索各类信息化服务的运营模式。协同各部门、各系部做好已建在用信息系统的日常运维及持续升级的长效运营机制建设。

强化与信息化相关企、事业单位的联系，促进人工智能、云计算、大数据等科研成果与技术在校内的转化应用，推动校内师生需求驱动的学生竞赛，形成信息化创新创业新氛围，更大程度地提升服务的体系化支撑水平，改善服务质量，全面提升师生满意度。

合理开展高职院校大数据分析应用。根据职业院校智慧高职院校建设总体规划，立足大数据思维，以"国内一流，特色鲜明"数据服务需求为出发点，开展高职院校大数据平台建设及其利用。在前期初步搭建的数据中心平台基础上，丰富数据展示、数据统计应用等业务功能，加深基于大数据的评价、预测和推荐等分析应用能力。以学生全过程管理为突破口，为"立德树人"和"三全育人"提供各类精准信息支持，并开展多维度数据可视化分析与服务。以科研全过程管理为探索方向，为高职院校学科建设、科研成果转化提供决策支持。

稳步推进物联网高职院校高水平建设。贯彻落实国家"新基建"战略部署，推动基础设施应用创新，稳步推进以物联网为基础的高职院校环境高水平建设，营造更为广泛的智能感知、人机物共融、协同创新的高职院校信息化环境，实现高职院校的智慧管理。以面向师生的个性化和多样化服务为理念，统筹规划高职院校的物联应用场景，优化高职院校现有物联网平台的建设方式，设计一站式、全托管的物联网云服务模式，提升建设水平和服务能力，推动智慧高职院校的长足发展，为教学、科研、管理的发展和改革创新赋能。

加强完善网络和信息安全工作。切实贯彻落实网络安全责任制，做好高职院校网络安全工作，严格防范隐私信息泄露、信息系统入侵等，强化信息系统安全工作。加强物理环境、网络通信、区域边界、计算环境的建设和优化，构建"动态防御、主动防御、纵深防御、精准防护、整体防护、联防联控"的网络安全防护体系，严格按规定做好信息设备全生命周期的管理工作，按照网络安全等级保护的总体要求，开展信息系统的等级保护测评。完善高职院校行政管理服务网络安全管理制度、明确二级部门与系统的管理机构和人员、建设网络安全管理队伍。做好用户的使用培训工作，进一步增强师生的网络信息安全意识和自觉性。在高职院校支持下，探索、建立安全管理中心，实现统一管理、统一监控、统一审计、综合分析、协同防护的目标。

拓展规划高职院校行政管理服务云协同平台。基于云计算技术拓展规划教学科研工作平台，突破时空限制，充分发挥校内外IT资源的共享与效能。探索服务于教学科研的云计算模式，为个性化教学科研提供高效的信息化支撑，助力高职院校教学科研工作的可持续发展。根据高职院校治理体系和治理能力现代化需求，探索基于群协同机制的高职院校保障信息化服务模式。为及时掌握高职院校动态、提升高职院校综合管理服务水平、提高应急事件处置能力，为实现高职院校运行保障管理的指令清晰、系统有序、条块畅达、执行有力提供平台支持。在新校区前期设计阶段就将数字化后勤、数字化安防系统群的设计统一考虑，实现与智慧行政服务管理系统的融合互通，初步建成高职院校综合态势感知平台。

全面有效提升师生信息化素养。充分认识提升信息化素养对落实立德树人目标、培养创新人才的重要作用，开展规模化、针对性的培养和培训。提高全校师生的普遍信息化素养水平，通过开展培训、讲座、课程等形式，利用多种信息化宣传渠道，将信息化意识、技能、知识全面渗透到师生学习、工作、生活中，有效提高师生信息化技能水平和增强师生信息与网络安全意识。提升管理部门、管理者信息素养，强化信息化深度融入高职院校各业务工作的意识，开展信息化领导力培训，让信息化技术助力业务部门提高管理效率和服务水平。加强信息化从业人员专业信息化素养培育。进一步落实部门网信员、信息化专员等岗位人员，开展专业培训，提高其信息化专业素养和技能水平。信息化部门人员加强专业学习、培训、技术交流，掌握信息化前沿核心技术，在全校信息化建设工作中发挥技术引领作用。提升信息化部门人员管理能力，充分发挥社会化和服务外包团队力量。

五、高职院校信息化规划内容

高职院校行政管理与服务信息化建设是在"互联网＋"时代，在教育信息化2.0发展过程中，高等院校适应信息技术迅猛发展的趋势，利用大数据、云计算、互联网、物联网、人工智能和移动终端等技术，促进高职院校行政管理与信息技术相结合，以先进的信息技术为辅助管理的手段，不断优化行政体制机制、制度规范、工作流程，打造数字化、智能化、网络化的管理模式，以提高行政管理效能，为领导决策提供支持，推动高职院校行政管理与服务的现代化发展。高职院校在行政管理与服务信息化建设过程中，应根据高职院校自身情况，从实际需求出发，进行整体规划布局，设置行政相关组织机构，制定行政组织建设计划，按照计划分步实施、平稳推进。要注重各部门应用和系统间的协同融合，以统一的标准进行线上流程建设，使行政管理标准化、集成化、智能化。同时，在高职院校的行政管理运行过程中，需建立安全、可靠、完整的保障体系，以保障信息安全。注重用户体验，建立评价体系和用户反馈机制，以师生的使用评价作为行政管理与服务信息化系统运行良好与否的衡量指标。高职院校行政管理信息系统应实现网站信息发布与宣传、数据采集、数据存储、数据运输、数据处理、业务应用系统集成等功能。行政管理与服务信息化的建设是一项长期且需分阶段完成的重大项目工程，在构建过程中，需要从以下几方面入手：

第一，将行政管理与服务信息化建设纳入高职院校整体发展战略。从顶层设计入手，自上而下地提高全校师生的重视程度，使高职院校全体成员树立信息化的建设和使用意识。建立健全组织机构，设立行政管理与服务信息化建设工作领导小组，负责制定发展战略、专项规划、管理和运维相关工作，带领各职能部门和二级单位进行信息化建设。促进信息技术与行政管理相结合，利用信息化手段为师生提供优质的管理服务。

第二，组建行政管理与服务信息化建设的专业团队。设立高职院校和各二级学院两层级信息化建设和管理团队，分别统筹管理全校和各二级单位的信息化事项，也有助于将二级单位的情况及时准确地向高职院校信息化建设领导小组反馈。团队工作人员需具有相当专业的技术水平、责任心强且稳定可靠，同时，建设团队需结合时代发展和工作实际需求，不断提高自身的专业知识和业务能力，以确保行政管理与服务信息化建设顺利开展。

第三，制定相关规章制度和标准规范。按照国家"互联网＋教育"的发展要求和信息技术行业规范，各高职院校根据自身实际发展情况，制定行政管理与服务信息化建设的规章制度和管理办法，包括建设目标、领导小组、组织机构、建设流程、部署实施、结果评估、日常管理和运维等。制定规章制度和标准规范，是行政管理与服务信息化建设必不可少的环节，为建设项目的落实提供依据和抓手。

第四，加强基础设施建设。高职院校行政管理与服务中，信息化技术与其基础设施建设融合在一起，对行政水平的提升有促进作用。因此，在实现高职院校行政管理与服务创新发展的视角下，从电子计算机、信息网络、信息备份及存储等角度，对高职院校行政管理与服务的基础设施建设进行优化，从而改善高职院校的综合环境，促进高职院校行政管理与服务的综合发展。

第五，建立官方门户网站。高职院校门户网站对其行政管理与服务的创新发展有直接的影响，门户网站的建设可展现高职院校的品牌形象以及文化内涵，所以，在高职院校行政管理与服务中，通过信息化服务以及网络宣传等方式，可在高职院校信息化视角下，实现网络服务的综合发展水平提升。

第六，建立统一应用服务平台。遵循应用导向、数据融合的原则，首先明确办公内容和要求，梳理面向教职工、学生、家长、校友的管理服务事项和工作流程，整合业务相交的流程，精简归并不同部门的同类事项，捋顺牵头部门、配合部门，合理设置审批时限和审批节点，实现建立由下至上的三个层级应用服务，包括全校范围的基础服务、涉及校内各部门的业务活动和人机交互界面（将业务流程、数据信息进行集成和融合）。实现一站式业务办理，在线服务灵活便捷，推动管理服务"减流程、减证明、减时间"，致力于为师生、家长、校友等使用者提供便捷高效的信息化管理服务。

第七，建立校内信息资源数据库。高职院校行政管理与服务的创新发展，应在信息资源整合的基础上，通过信息采集、数据分析等方式，实现高职院校的数据资源应用。多角度分析高职院校信息资源数据库的建设与发展，则考虑高职院校行政管理与服务的综合需求，并在数据更新以及信息采集的基础上，实现行政数据的信息化管理水平提升。

第八，建立健全安全保障机制。安全保障是建立行政管理信息系统的重要内容之一，主要包括基础设施、信息系统、终端、信息数据以及网络内容的安全管理等。首先需要设立高职院校总控室和各相关部门的控制室，保证放置服务器等相关设备的物理环境安全。对高职院校网的用户进行实名认证、身份鉴别，对不同类型、不同级别的用户设定合理的访问权限。在个人电脑和移动终端上安装病毒查杀工具，并定期更新系统。对数据系统进行加密处理，防止恶意入侵，窃取信息。严格审核并定期排查数据库和高职院校网存储、发布的信息内容，不得存储和发布违反法律法规和社会道德的内容。

第九，手机移动端的同步建设。随着 5G 技术的迅猛发展，高职院校行政管理与服务信息化建设的应用载体应从电子计算机的网页版扩展至手机移动端，手机移动端的建设可以使教职工随时随地进行移动办公，无需守在电脑旁，就可以进行业务处理、流程审批。尤其是在新冠疫情影响，为保证全体师生的身体健康和生命安全，多数高职院校都规定了教职工和学生每日进行健康监测和行程动态报备，这就需要通过手机移动端实现，这样支持世界范围内的应急事件处理，体现了行政管理与服务信息化建设中手机客户端同步建设的重要性。同时，手机移动端的建设也符合

"互联网＋"和5G技术发展的时代要求，展现了高职院校行政管理信息系统建设的前沿性。

第十，进一步加大信息技术教育力度。高职院校的信息化发展水平与其信息技术的掌握以及应用水平有直接的关系，所以，为保证学生可以掌握基本的计算机操作技能，并转变职业院校信息化发展的观念，应从师生角度，培养学生的综合信息素养。在利用信息技术为学生提供高效学习服务中，应重视高职院校信息技术教育、教学的开展，并加强信息技术培训辅导工作的开展，从周期性信息技术活动拓展的角度，对信息技术教育、技术培训辅导以及网页制作比赛等进行策划，从而实现高职院校信息化发展水平的综合提升。在提高信息技术教育水平的过程中，则可在教师引导下，以学生为主体，可组织成立"电脑兴趣小组"，在信息化活动资源整合下，提高师生在信息技术领域方面的学习热情。

需要注意的是，应重视高职院校信息化的整体化设计。在实现信息化发展中，则需要协同各个部门，开展具有部门特色的整合机制，有助于全面推进高职院校的信息化进程。在整合数字化教育资源的同时，依托教育办公平台，从而实现职业行政信息化工作中的内部管理、职业教育、教学、评价等实现全方位的信息化管理。在实现整体信息化规划与设计下，应利用信息技术，对相关信息化资源进行整合后，可利用信息系统，实现高职院校信息资源的一体化发展，从而突出信息化资源整合的教育功能。

第二节 信息化建设

一、加强信息化组织领导

强化高职院校网络安全和信息化领导小组对行政信息化工作的全面统筹领导，突出信息化工作在高职院校发展战略中的重要作用和地位，在高职院校的稳定发展中，以信息化行政管理系统，实现行政业务统筹化、协同化发展，发挥信息技术的协调功能，实现行政管理与服务的综合发展水平提升。强化顶层决策，成立"信息化建设领导小组"，统筹资源调配。设立专业支撑机构，负责技术落地，下设数据管理部、网络安全部等。高职院校加强信息化组织领导需结合职业教育特点，聚焦教学、管理、实训等核心场景，构建与产教融合、技能培养适配的数字化治理体系。

二、完善信息化机制

建立健全信息中心、业务建设部门、业务使用部门之间的分工协作机制。完善信息化人才引进机制，多渠道引进信息化人才，优化信息化人才队伍的年龄结构和知识结构。探索适合信息化人才发展的评价和激励机制，建立促进信息化人才队伍职称晋升的长效机制和岗位聘任制度，营造良好的人才成长环境和发展空间。完善信息化建设管理制度、信息化标准体系管理办法、网络信息安全管理办法、信息系统数据管理办法等各类规章制度。设立定期召开的信息化工作交流会议制度，形成信息化建设的常态化工作机制，提升高职院校的信息化水平。从高职院校战略化发展的角度分析，在完善行政信息化管理体系下，可对行政管理与服务的信息化制度体系进行优化，从而满足高职院校行政管理与服务信息化发展的综合需求。

三、强化信息化队伍建设

高职院校可能面临资金有限、技术队伍薄弱、教师信息化素养不足、系统分散难以整合等问题。高职院校注重职业技能培养，强调产教融合，因此信息化队伍建设也需要结合这些特点，比如与企业合作，引入双师型人才，提升实训的信息化水平等。强化信息化中心的专业技术队伍建设，明确岗位职责，开展专业能力和管理能力培训以及自主学习，整合校内外专家和技术资源，培育核心技术素养，提高队伍对信息化的管理和服务能力。重视网络信息安全队伍的培养，提高网络和信息化安全服务保障水平。推动设立二级单位的信息化专员制度与岗位，专门负责本单位的信息化软硬件使用与运维、网络信息安全保障等工作，进一步促进并规范稳定的运维服务外包人员队伍。

四、落实信息化经费保障

高职院校多渠道统筹落实信息化建设与运行维护保障经费。通过校内预算、社会筹资等方式，保障专项用于信息化基础设施的更新和运维、网络信息安全保障、各类信息化系统建设等方面的年度经费，每年投入经费不低于高职院校总开支（不含基建）的 2％。鼓励社会团体、高职院校支持并参与信息化建设，形成多元化的信息化经费投入机制。充分考虑信息化建设工作的持续性和周期性，加强对信息化建设经费的统筹安排和提前预算。

五、探索信息化绩效考核

高职院校探索信息化绩效考核是顺应教育数字化趋势、提升管理效能的重要举措。传统纸质化考核存在数据碎片化、统计周期长等问题，信息化可实现多维度数据自动抓取（如教务系统的课时量、科研系统的项目数、学工系统的班主任考评等）。通过大数据分析教师教学风格（如课堂互动频率、实践教学占比）、科研特长（横向课题/纵向课题分布），为教师职业发展提供智能诊断报告。

探索信息化建设经费的投入绩效评价方法，提高经费使用效益，并将绩效评估结果用于指导后续信息化建设的支持强度，将信息化建设成效纳入高职院校对二级部门的考核要求中，促进信息化建设的长效发展。定期发布信息化发展报告和师生信息素养评价监测报告。设立信息化建设先进单位、先进个人评比制度，提高高职院校的信息化建设水平，推进高职院校的网络安全与信息化建设持续健康发展。

第三章

行政管理与服务信息化

第一节　信息化行政管理的作用

随着信息技术的不断发展和普及，信息化已经逐渐渗透到各个领域，特别是在高职院校行政管理工作中，信息化行政管理已经成为不可或缺的一部分。信息化行政管理通过运用现代信息技术手段，极大地提升高职院校行政管理的效率和质量，对于推动高职院校的现代化发展具有重要意义。

一、高职院校行政管理工作内容

高职院校行政管理工作内容繁多且复杂，涵盖教学、学生、后勤、科研等方方面面的管理工作。行政服务管理工作是高职院校行政管理工作的核心内容之一，其主要工作内容包括高职院校的教学计划、运行管理、教学质量管理与评价、考试管理、学生学籍管理、毕业生资格审查和证书管理等工作内容，需要行政管理部门付出极大的精力。另外，行政管理部门还需要全面负责高职院校的基础建设，例如，课程、专业、课题项目、教材、实验室以及实验基地建设等工作。而学生管理工作同样也是高职院校行政管理工作的主要组成部门，主要涉及招生、管理、服务等方面，具体而言，行政管理部门需要根据高职院校的实际情况，制定和执行学生管理制度，确保学生的安全与权益，以及为学生提供良好的学习与生活环境。除此以外，为强化高职院校建设，行政部门还承担着高职院校的后勤保障工作，对高职院校的财务、物资、设备、人力等方面进行管理，例如，预算计划的制定和执行，高职院校的物资设备统一管理，通过有效的后勤保障，可以确保高职院校的正常运行，为教学和科研提供必要的支持。另外部分高职院校行政管理部门还涉及高职院校的科研、项目管理、成果转化等工作内容。总之，高职院校行政管理工作的目标是确保高职院校的正常运行和发展，为师生提供良好的教学和学习环境，促进高职院校的整体提升与发展。

二、高职院校信息化行政管理的作用

1. 提高管理效率

高职院校在日常运营中，面临着处理庞大行政数据和信息量的挑战，其中包括学生档案管理、教学资源分配、课程调度等核心任务。若单纯依赖传统的人工方式进行操作，不仅效率低下，易受到人为错误的影响，而且难以应对日益增长的数据处理需求。信息化行政管理的引入，为高职院校提供一个高效、准确的解决方案。通过采用先进的信息系统和技术，高职院校能够自动化处理和管理大量的行政数据，实现业务流程的快速、准确完成。不仅显著提升数据处理的速度和准确性，还降低人工操作的错误率，为高职院校的行政管理工作带来质的飞跃。

　　高职院校通过精心部署和应用专业的信息系统，如学生信息管理系统、行政管理系统等，实现对大量行政数据和信息的自动化处理。信息化行政鼓励系统不仅具备强大的数据处理能力，还通过优化算法和智能化技术，确保数据处理的准确性和高效性。以学生信息管理系统为例，该系统能够自动化处理学生信息的录入、查询、修改等操作。通过系统界面，管理人员可以方便快捷地录入学生基本信息、学业成绩、奖惩记录等各类数据。同时，系统支持多维度的查询功能，允许管理人员根据学号、姓名、班级等不同条件快速检索学生信息。信息系统在设计之初便考虑到数据的灵活性和动态性，因此特别提供便捷的数据修改功能。这意味着，一旦学生信息发生变动，如转学、退学、休学或其他任何形式的更新，系统都能够迅速而准确地响应变化。管理人员只需通过简单的操作，便可实现学生信息的即时更新，从而确保数据库中的信息始终与实际情况保持同步。

　　除基本的数据管理功能外，学生信息管理系统还具备强大的数据分析和报表生成能力。通过内置的数据分析工具，管理人员可以对学生数据进行深入挖掘和分析，揭示学生学业表现、兴趣爱好、行为习惯等方面的特点和规律。同时，为满足管理人员对于高职院校学生情况的全面了解和深入分析的需求，系统还配备强大的报表和图表生成功能。功能不仅可以根据管理人员的特定需求，自动生成各类详细的报表，如学生人数统计、学业成绩分布、性别比例等，还能够以图表的形式直观地展示数据，如柱状图、折线图、饼图等。报表和图表不仅有助于管理人员快速把握高职院校的整体学生情况，还能够为高职院校的决策制定提供有力的数据支撑和依据。

2. 优化管理流程

在传统行政管理的实践中，管理流程的执行普遍依赖于纸质文档的流转、人工的传递以及手工操作，该方式不仅效率低下，而且存在诸多潜在问题。纸质文档作为信息的主要载体，其传递和保存都需要消耗大量的时间和人力资源。文档的复制、分发、归档和检索等操作都需要人工参与，不仅增加工作量，还容易导致信息丢失或混乱。此外，人工传递和手工操作容易引发错误和延误。在繁忙的工作环境中，人为因素如疏忽、疲劳或沟通不畅等都会导致信息传递的失误或延迟。不仅影响工作效率，还对组织的决策和运营造成负面影响。更为重要的是，传统的管理流程难以适应快速变化的环境和需求。纸质文档的处理方式限制信息的实时更新和共享，使得组织难以迅速响应市场变化或内部需求。同时，手工操作也无法满足大规模数据处理和分析的需求，限制组织的决策能力和创新能力。

信息化行政管理系统的引入，使得传统管理流程得以优化，实现对传统的行政管理流程的全面优化与重构。首先，通过应用先进的信息系统，如学生信息管理系统、行政管理系统等，高职院校的行政管理人员能够对现有的管理流程进行全面的梳理与分析，通过手机、整合与呈现大量数据，使得管理人员能够对各部门之间的协作、资源分配、信息传递等深入地了解每个环节的具体情况，从而准确地找出管理流程中存在的瓶颈与问题，为后续的改进工作提供强有力的数据支持。与传统的管理方式相比，这种基于数据的分析方式具有更高的针对性和实效性。不仅能够发现管理流程中的问题，还能够对问题的原因进行深入的分析，从而提出更加有效的改进措施。以高职院校的学生信息管理系统为例，该系统通过集成大量的学生数据，为管理人员提供深入的数据洞察。在对学生数据进行详细分析的过程中，管理人员会发现令人关注的问题。例如，通过对学生注册和选课环节的数据分析，管理人员发现部分学生在使用系统时遇到操作困难。具体表现为注册流程繁琐、选课界面不够直观、系统反应速度慢等问题。此类问题不仅影响学生的使用体验，还对高职院校的日常管理和运营效率造成负面影响。

其次，高职院校行政管理与服务行政管理的实践中，自动化与智能化技术手段的应用对传统管理流程进行深刻而有效的改进，显著提升行政管理的效率和质量。特别是在审批流程方面，通过引入在线审批系统，高职院校实现审批流程的电子化、自动化改革。这一改革举措针对传统纸质审批流程中耗时长、易失误等问题，进行彻底的优化。在线审批系统通过自动化处理审批流程，大幅减少人工干预的环节，从而显著提高审批效率。同时，由于审批过程全部在线上完成，使得审批过程更加透明和可追溯，有助于减少审批过程中的腐败和不当行为，提升行政管理的公正性和透明度。除审批流程外，高职院校在处理管理档案、学生档案等方面也广泛应用智能化管理工作。通过智能化管理工具，大量的、重复的、繁琐的工作被有效简化，纸质文档被快速、准确地转化为电子文档，并自动存储在相应的位置。不仅极大地提高文档的处理效率和准确性，还有助于实现文档的长期保存和便捷查询，为高职院校的决策制定和运营管理提供更加全面、高效的数据支持。

最后，在高职院校的实际信息化行政管理工作中，引入标准化和规范化的管理理念和方法成为进一步提升管理流程的关键举措。标准化和规范化不仅确保管理流程的一致性和稳定性，还能显著减少因人为因素导致的流程混乱和错误。通过制定统一的管理标准和流程规范，高职院校能够确保各部门、各岗位在管理工作上遵循相同的标准和要求，避免因部门间沟通不畅或理解偏差而导致的流程混乱，提高整体管理效率。例如，在招生、教学、科研等各个环节，都可以通过制定详细的流程和标准，确保各项工作有序进行。在招生环节，从招生计划的制定、招生信息的发布、考生报名、资格审查、考试安排、成绩公布到最终录取等各个环节，都制定明确的流程和标准。在教学环节，制定详细的教学流程和标准，能够确保教学质量和效果。从教学计划的制定、课程安排、教材选用、教学方法和手段的选择、课堂管理、学生考核等各个环节，都需要有明确的流程和标准作为依据。同时，通过制定明确的流程和标准，为工作人员提供清晰的操作指南和参考依据。这些流程和标准详细规定每个工作环节应该如何操作、达到什么标准，以及遇到的问题和相应的解决方案。这样，即使面对复杂多变的管理任务，工作人员也能够有条不紊地按照既定流程和标准进行操作，大大降低出错的概率。除此以外，高职院校通过应用数据分析平台、流程监控软件等先进的信息技术工具，实现对各个管理环节运行状态的实时监控，如招生流程、教学计划执行、科研项目进展、学生事务处理等多个方面，可了解各个环节的运行效率、资源利用情况以及潜在风险等信息。同时高职院校行政管理人员，利用信息系统强大的反馈机制，对当前信息化行政管理流程进行监控，当管理流程中出现异常或问题时，系统能够自动触发警报，及时提醒管理人员进行干预，从而帮助管理人员迅速定位问题，分析原因，并采取相应的措施进行调整与改进。

3. 提升服务质量

信息化行政管理在高职院校中发挥着重要作用，其中最为显著的一点便是提升服务质量。高职院校作为高等教育的重要组成部分，其服务质量直接关系到师生的学习、生活和整体满意度。而通过信息化行政管理，高职院校能够显著提高服务质量，为师生提供更加优质、高效的教育服务。

首先，高职院校通过运用在线调查、电子问卷等信息化工具，能够迅速、准确地把握师生的真实需求和反馈，进而提供更加贴心、高效的服务。在线调查作为一种便捷的数据收集方式，被广泛应用于高职院校的信息化行政管理中。高职院校可以通过在线调查系统，设计问卷、发布调查，并自动收集和分析数据。不仅提高数据收集的效率，还能够确保数据的真实性和准确性。通过在线调查，高职院校可了解师生对于教学、管理、服务等方面的意见和建议，为改进工作提供有力支持。而电子问卷作为一种灵活多样的信息收集方式，也被广泛应用于高职院校的信息化行政管理中。高职院校可以通过电子问卷系统，向师生发送问卷链接或二维码，方便其能够随时随地进行填写和提交。不仅提高问卷的覆盖面和参与度，还能够减少纸质问卷的印刷和分发成本。另外，高职院校通过信息化行政管理系统，实现与师生的实时互动与反馈，利用在线服务平台，与师生进行实时沟通和交流，解答他们的疑问和解决问题。这种即时反馈机制不仅增强高职院校的服务意识和响应速度，还能够提升师生对高职院校的信任感和满意度。

其次，在高职院校的实际工作中，信息化行政管理通过引入自动化、智能化的管理工具，显著提升服务效率和质量。以在线预约系统为例，在传统的服务模式下，师生需要亲自前往图书馆、实验室等场所进行座位或资源的预约，往往面临排队等待、信息不准确等问题。而通过引入在线预约系统，师生只需通过电脑或手机等终端设备，即可随时随地进行预约操作。系统能够自动处理预约请求，实时更新座位或资源的占用情况，确保师生能够准确、快速地获取所需资源。在线预约系统的应用不仅提高服务效率，还为师生带来诸多便利。师生无需再耗费时间和精力进行排队等待，节约宝贵的学习和研究时间。同时，系统提供实时的座位或资源占用信息，使得师生能够做出更加合理的预约决策。此外，通过在线预约系统，高职院校还能够对资源使用情况进行统计和分析，为资源优化配置提供数据支持。

最后，高职院校行政管理与服务行政管理系统在提升服务流程的透明度方面发挥着至关重要的作用。第一，通过信息化平台，高职院校可以清晰地展示服务流程。传统的服务流程往往涉及多个部门和环节，师生难以全面了解。而通过信息化平台，高职院校可以将服务流程进行可视化展示，包括各个环节的流程图、时间节点、责任部门等，使师生能够一目了然地了解整个服务过程。第二，信息化平台可以公开服务标准和服务结果。高职院校可以制定明确的服务标准，包括服务质量、服务时限、服务态度等方面的要求，并通过信息化平台向师生进行公示。同时，高职院校还可以将服务结果进行公开，如学生评价、满意度调查结果等，以便师生了解高职院校服务的实际效果。第三，信息化平台还提供便捷的沟通渠道。高职院校可以通过信息化平台发布通知、公告等信息，与师生进行及时沟通。同时，师生也可以通过信息化平台提出意见和建议，与高职院校进行互动交流。

4. 促进资源共享

资源共享是提升教育资源利用效率、推动高职院校整体发展的重要手段。通过信息化行政管理的实施，高职院校能够打破传统的资源壁垒，实现资源的优化配置和高效利用。在实际工作中，信息化行政管理通过建设统一的资源管理平台，将高职院校内部的各种资源进行整合和共享。实现图书馆、实验室、教学设备、课程资料等各类资源信息的汇聚，为师生提供一个全面、便捷的资源共享渠道。通过信息化行政管理，高职院校能够建立起完善的资源分类和标签体系。能够将不同类型的资源进行科学分类，并为其打上相应的标签，方便师生快速定位所需资源。例如，图书馆中的图书可以按照学科、作者、出版社等维度进行分类，实验室的设备可以按照功能、用途、型号等标签进行标识，以便师生能够更加高效、准确查找和使用资源。另外，信息化行政管理还能够实现资源的动态调配和共享。通过实时监测和分析资源的使用情况，高职院校可以及时发现资源的闲置和浪费现象，并进行合理的调配。例如，当某个实验室的设备使用率较低时，高职院校可以将其调配到其他需求较高的实验室，实现资源的最大化利用。同时，通过信息化平台，不同部门之间也可以实现资源的互相借用和共享，打破部门之间的壁垒，提高资源的整体利用效率。除此以外，信息化行政管理还能够促进资源的数字化和网络化。通过数字化和网络化技术，高职院校可以将传统的纸质资源转化为电子资源，将实体资源转化为虚拟资源，方便师生随时随地进行访问和使用。例如，图书馆可以将纸质图书进行数字化处理，形成电子图书库，供师生在线阅读；实验室可以将设备的使用说明、操作视频等资源进行网络化发布，方便师生随时查看和学习。这种数字化和网络化的处理方式不仅提高资源的可访问性和可用性，还降低资源的维护和管理成本。

5. 增强决策的科学性

在高职院校的实际工作中，决策的科学性至关重要，其直接关系到高职院校的长远发展、教学质量和资源配置。传统的决策方式往往依赖于经验和直觉，缺乏足够的数据支撑和分析，难以确保决策的科学性和准确性。因此，增强决策的科学性成为高职院校行政管理工作中的一项重要任务。

信息化行政管理系统的应用，为高职院校增强决策的科学性提供有力支持。通过信息化手段，高职院校能够实现对海量数据的快速收集、整理和分析。传统的管理方式下，学生管理、行政服务管理、后勤服务等各部门的数据往往是分散的，不仅导致数据整合困难，还容易引发数据不一致和丢失的风险。信息化行政管理系统的出现，正好解决这一问题。通过建立统一的数据平台，该系统能够将原本分散在各部门的数据进行集中管理。不仅简化数据整合的流程，还确保数据的完整性和准确性。通过该平台，各部门可以实时上传和更新数据，而系统则会进行自动校验和整合，确保数据的准确性和一致性。此外，统一的数据平台还为高职院校行政管理部门提供数据分析和挖掘技术。通过对集中存储的数据进行深入挖掘和分析，可以发现隐藏在数据背后的规律和趋势，为高职院校的决策提供更加全面和客观的参考。例如，通过对学生的学习成绩进行统计分析，可以发现不同学科、不同班级甚至不同学生之间的学习差异，有助于教师有针对性地调整教学计划和策略，提高教学效果。同时，通过对学生的出勤率进行分析，可以了解学生的学习态度和积极性，及时发现和解决学习中的问题。同时，利用数据分析功能还可以预测学生的学习趋势和潜力。通过对历史数据的分析和挖掘，可以发现学生的学习规律和趋势，预测其未来的学习表现和发展潜力。除数据分析功能外，信息化行政管理系统还提供丰富的决策支持和辅助工具。例如，决策支持系统能够将复杂的数据转化为直观的图表和报告，使得决策者能够迅速了解高职院校的整体运行状况、关键问题和潜在风险。通过图表和报告的展示，决策者可以更加清晰地把握高职院校的发展趋势和规律，为制定科学合理的决策提供有力依据。另外，信息化行政管理系统还提供多种决策方案的模拟和预测功能。决策者可以根据不同的需求和目标，制定多种的决策方案。系统会对这些方案进行模拟和预测，分析各方案的潜在效果、风险和可行性，帮助决策者全面了解各种方案的优劣和潜在风险，从而选择出最适合高职院校发展的决策方案。

第二节　信息化行政管理的方法

一、高职院校传统的行政管理方法

高职院校传统的行政管理方法主要依赖于行政手段、层级制度和规章制度来进行管理。

1. 行政手段

高职院校的行政手段应用，则是从行政管理的角度，对行政管理服务方式、行政信息沟通等进行优化，在实现行政管理以及综合管控的基础上，提高高职院校的行政服务水平。具体而言，行政手段的实施主要依赖于高职院校的行政管理部门或相关负责人员，其通过发布行政命令、传递专业知识、制定和执行相关规定等方式，直接对高职院校的教育教学、科研活动、后勤保障等各项工作进行管理和协调。行政手段的核心特点在于其权威性和直接性。权威性体现在行政命令和规定的制定与执行上，这些命令和规定来自高职院校的官方或行政部门，具有天然的权威和约束力，能够确保各项决策和措施得到迅速、有效的执行。直接性则体现在行政手段对高职院校各项工作的直接作用上，通过行政命令和规定的直接传达与执行，避免中间环节的延误和误解，使得工作的开展更为及时和准确。

然而，过度依赖行政手段也引发一系列问题。一方面，在高职院校中，如果过度依赖行政命令和规定来管理各项工作，会导致行政管理变得僵化、刻板。这种情况下，高职院校的行政管理部门或人员过于注重行政程序和形式，而忽视实际工作的需要和变化。这种官僚主义倾向导致工作效率降低，决策过程变得缓慢和复杂，甚至出现推诿扯皮、责任不清等问题。另一方面，高职院校作为高等教育的重要组成部分，其决策和管理应当紧密结合市场需求和学术发展规律。然而，在高度集中的行政管理体系下，高职院校的决策和管理过于注重行政目标和效率，而忽视市场需求的变化和学术研究的自由性，进而导致高职院校的发展与市场需求脱节，限制学术研究的创新和发展，甚至抑制教师的积极性和创造力。

2. 层级制度

层级制度，又称分级制，是指公共组织在纵向上按照等级划分为不同的层级组织结构，不同等级的职能目标和工作性质相同，但管理范围和管理权限却随着等级降低而逐渐变小的组织类型。这种制度强调权力和责任的明确划分，通常表现为金字塔形的阶梯等级。在层级制度下，高层管理者负责制定战略和政策，而基层管理者则负责具体的执行工作。层级制度在高职院校行政管理中的具体体现包括决策与执行、资源配置、人员管理、学生管理以及协调与沟通等方面。具体而言，高职院校行政管理部门通过制定政策、规章制度等方式，对高职院校的教学、科研和学生管理等方面进行决策，并负责监督决策的执行情况；对包括财务、物资、设备、人力资源等方面的资源统一调配，以满足教学、科研等各方面的需求；制定人事政策、进行职务评聘、绩效考核办法等，对教职工进行管理与激励；制定学生管理制度、进行学籍管理、实施奖惩措施等方式，对学生的行为进行规范和引导；通过行政手段，协调高职院校内部各部门之间的关系，促进信息的传递和沟通。

在层级制度中，高职院校的各个部门和人员被明确地划分到不同的层级中，每个层级都拥有相应的权力和责任，并且，上级对下级具有命令权，下级需要服从上级的决策和指示。同时，层级制度通常将决策权和执行权分离，高层管理者负责制定战略和政策，而基层管理者则负责具体的执行工作。层级制度通常意味着相对稳定的组织结构，各部门和人员之间的关系相对稳定，有助于维护组织的稳定性和连续性。

3. 规章制度

在高职院校的行政管理体系中，规章制度占据着举足轻重的地位，作为规范内部管理、确保教育教学活动正常进行的重要手段，规章制度不仅承载着高职院校治理体系和治理能力现代化的期望，更是高职院校高效运转、稳定发展的坚实基石。规章制度作为高职院校内部管理的"法典"，其制定与执行都体现高度的专业性和权威性。这些规章制度不仅涵盖行政服务管理、学生管理、科研管理、财务管理、人事管理等多个方面，还针对高职院校的实际情况进行细致入微的规划和设计。从课程安排、教学质量监控，到学生行为准则、奖惩机制，再到科研项目申报、经费使用，以及人事任免、薪酬福利等，每一项规章制度都经过严格的论证和审议，确保其既符合法律法规，又符合高职院校的发展需求。规章制度的制定并非一蹴而就，而是需要高职院校行政管理部门深入调研、广泛听取意见、反复修改完善的过程。这一过程不仅体现高职院校对内部管理的重视，更展现高职院校对教育教学质量的追求。同时，规章制度的执行也需要行政管理部门严格监督、公正执法，确保每一项制度都能够得到有效落实，为高职院校的高效运转和稳定发展提供有力保障。

首先，规章制度的制定，是一项严谨而细致的工作。它要求高职院校紧密结合自身的实际情况，从教学、科研、学生管理、财务、人事等各个方面进行全面考虑，确保各项规则、章程和制度能够真正符合高职院校的实际需求。这些规章制度不仅要具备科学性和合理性，更要体现公正和公平，确保在执行过程中不受任何人为因素的干扰。

其次，规章制度的生命力在于其实施与修订。高职院校行政管理部门需要密切关注高职院校的发展动态和外部环境的变化，及时对规章制度进行修订和完善。同时，加强规章制度的宣传、解释和监督，确保每一项制度都能够得到师生的广泛认同和自觉遵守。对于违反规章制度的行为，必须严肃查处，以儆效尤，维护高职院校的正常秩序和良好形象。

最后，高职院校的规章制度不仅仅是一种管理工具，更是一种文化体现。它代表着高职院校的治理理念和价值取向，对于塑造高职院校的品牌形象、提升高职院校的核心竞争力具有不可替代的作用。

二、高职院校行政管理与服务行政管理方法

（一）学生管理

在国家教育信息化的要求下，国内各地高职院校纷纷推进数字化高职院校建设。随着教育产业化的不断演进和高职院校办学规模的持续扩大，管理工作日趋复杂，所面临的挑战也日益严峻。传统的管理模式，已难以应对日益增长的管理任务与日益复杂的管理需求，这直接对高职院校的办学水平和教学质量产生负面影响。为实现真正意义上的数字化高职院校建设目标，高职院校已经做出明确决策，将全面推行信息技术手段，加快数字化高职院校的建设进度。

在高职院校的现代化管理进程中，为实现高职院校安全的高效、规范与科学管理，同时加强高职院校各个院系、部门之间的信息化联动，以及进一步强化学生管理，许多高职院校已经引入先进的"一卡通"系统。其目前已成为高职院校行政管理与服务行政管理的重要组成部分，通过集成身份识别、消费支付、门禁控制、图书借阅、考勤管理等多项功能于一身，为学生和教职工提供便捷、高效的服务体验。在安全管理方面，"一卡通"系统能够实时监控高职院校内的人员流动情况，通过门禁系统和视频监控系统，有效预防和应对各种安全隐患；在规范管理方面，"一卡通"系统通过统一的数据管理和权限控制，实现对高职院校各个院系、部门之间的信息化联动；在学生管理方面，"一卡通"系统通过集成学生个人信息、学籍管理、奖惩记录等多项功

能，为学生管理提供全面的数据支持。高职院校"一卡通"具有丰富的功能，能够满足学生与教职工日常学习、工作的基本需求。

1. 消费功能

在高职院校中，高职院校"一卡通"已深度融入学生的日常生活。在食堂、超市和图书馆等高职院校内部消费场所，"一卡通"作为主要的支付方式，极大地简化交易流程。学生只需将"一卡通"贴近支付设备，即可完成支付，无需携带现金或银行卡。通过使用"一卡通"不仅提高消费效率，减少排队等待时间，还降低因现金交易可能带来的风险。

2. 身份识别功能

每张高职院校"一卡通"都是独一无二的，卡内嵌入持卡人的个人信息和身份识别码。无论是进入图书馆、食堂还是宿舍楼，学生只需刷卡，系统便能快速准确地识别其身份。该功能有效地防止身份冒用和非法进入高职院校的情况，提高职院高职院校的安全性。同时，身份识别功能也为高职院校管理提供便利，如考勤管理、门禁管理等。

3. 高职院校管理功能

"一卡通"与高职院校内的门禁系统、考勤系统紧密结合，实现对学生出入高职院校、课堂考勤等行为的自动记录和管理。当学生进出高职院校或上课刷卡时，相关信息会实时传输到管理系统中，管理人员可以随时查看学生的出入记录和考勤情况，有助于提高职院高职院校管理效率，还为高职院校提供丰富的数据支持，有助于优化高职院校管理策略。

4. 多元联动功能

高职院校"一卡通"不仅仅是一张支付卡或身份识别卡，更是连接高职院校内各部门和服务的桥梁。通过与金融服务、图书资源等的深度融合，"一卡通"实现多元联动。例如，"一卡通"可以与银行卡绑定，学生在高职院校内外均可使用"一卡通"进行金融支付；同时，通过与图书馆系统的对接，学生可以凭借"一卡通"借阅图书、查询借阅记录等，为学生提供极大的便利，也促进高职院校内各部门之间的信息共享和协同工作。

5. 金融服务功能

通过与银行合作，学生可以将"一卡通"与银行卡绑定，实现高职院校内外的金融支付。此外，高职院校，还可以通过"一卡通"系统为学生提供奖学金、助学金等金融服务。以此来简化资金发放流程，提高资金使用效率，为学生和家长提供更加便捷的服务。同时，金融服务功能的加入也进一步丰富高职院校"一卡通"的应用场景和功能。

（二）人事管理

人事管理作为高职院校行政管理与服务行政管理的核心环节，已经通过全面的人事管理信息系统实现高效、精准的管理。该系统以信息技术为基石，将传统的人事管理流程电子化、网络化，显著提升人事管理的效率和效果。人事管理信息系统的架构设计充分考虑人事管理的实际需求，采用模块化、层次化的设计思路。系统主要包括以下几个功能模块：

一是基本信息管理。此模块负责教职工基本信息的录入、更新和查询，包括姓名、性别、年龄、学历、工作经历等关键信息。通过此模块，高职院校可以迅速获取教职工的个人简历和基本情况，为后续的职务任免、职称评定等提供基础数据。

二是职务任免管理。该模块涵盖教职工的职务晋升、任免等流程。系统能够自动记录职务任免的历史信息，提供职务任免的审批流程管理，确保职务任免的公正性和透明度。

三是职称评定管理。此模块负责教职工的职称评定工作。系统可以自动计算教职工的职称评定条件，如工作年限、科研成果等，并提供职称评定的在线申报、审核和公示功能，大大简化职称评定的流程。

四是薪酬管理。薪酬管理模块负责教职工的薪酬计算、发放和查询。系统能够根据教职工的职务、职称、考勤等信息自动计算薪酬，并提供薪酬发放的电子化操作，减少人工操作的错误和繁琐。

五是考勤管理。考勤管理模块通过集成考勤设备，实现教职工的考勤数据自动采集和统计。系统能够生成考勤报表，为高职院校的考勤管理提供有力支持。

另外，除基本的信息管理功能外，高职院校当前的人事管理信息系统还采用先进的数据分析和挖掘技术，为人事决策提供科学依据。系统内置多源数据分析工具，可以对教职工的年龄结构、学历分布、职务晋升趋势等进行多维度的分析。例如，系统可以通过对年龄结构的分析，揭示出教职工的年龄层次分布，为高职院校制定针对不同年龄段的教职工政策提供数据支持；挖掘教职工的职务晋升历史数据，系统可以预测未来可能的晋升趋势，为高职院校制定职务晋升规划、优化职务结构提供科学依据。同时，为了让数据分析结果更加直观、易懂，系统还提供了丰富的数据可视化功能。通过柱状图、折线图、饼图等多种形式，系统能够将分析结果以直观的方式呈现给决策者。同时，系统还支持生成详尽的数据分析报告，供决策者参考。

（三）行政管理

行政管理，作为高职院校教育治理的基石，其重要性不言而喻。为了应对日益复杂的教学环境和提升管理效率，高职院校已经成功部署了一套全面且先进的行政管理系统。该系统经过精心设计，不仅整合了课程安排、教学计划、教学资源、考试管理等核心行政功能，更实现了行政管理流程的全流程电子化。通过行政管理系统，高职院校能够轻松完成课程编排、教学资源分配、考试安排等复杂任务，确保了每一项行政操作都能以高效、准确的方式完成。这种电子化的管理方式不仅提高了行政工作的效率，还显著减少了人为错误的可能性，为教学质量的稳定提升提供了有力保障。具体而言，行政管理系统采用模块化的设计，将行政管理的各个环节整合到一个平台上。该系统主要包括以下几个功能模块：

一是课程安排模块。该模块利用先进的算法，综合考虑教室资源、教师资源和学生选课情况，自动生成或手动调整课程表，确保每门课程都能在最合适的时间和地点进行，不仅优化了教学资源的使用效率，还为学生提供了更加便利的学习体验。

二是教学计划模块。此模块允许教师上传和更新自己的教学计划，包括教学目标、教学内容、教学方法等详细信息。高职院校可以实时监控教学计划的执行情况，及时发现并解决教学中的问题，从而确保教学质量和效果。

三是教学资源管理模块。该模块负责对高职院校的教学资源进行全面管理，包括教室、实验室、图书资料等。通过此模块，高职院校可以更加合理地分配教学资源，确保各项资源得到最有效地利用，提高整体教学效率。四是考试管理模块。该模块覆盖了考试的整个生命周期，从考试安排、监考管理到成绩录入等各个环节。通过该模块，高职院校可以确保考试的公平、公正和准确性，为学生提供一个公正的竞争环境。

在行政管理系统的众多功能中，除上述的核心功能外，行政管理系统还提供了丰富的数据分析和报表功能。该系统通过数据分析功能，能够对行政管理的各个环节进行深入挖掘，从而揭示出隐藏在数据背后的规律和趋势。无论是教学资源的使用情况、学生的学习进度，还是教师的教学质量，都可以通过数据分析功能得到全面、客观的评价。同时，行政管理系统的报表功能能够根据用户的需求，生成各种类型、各种格式的报表，如柱状图、折线图、饼图等，使得用户能够直观地了解行政管理的各项数据指标。并且，报表功能还支持数据的导出和导入，方便用户进行数据交换和共享。系统还提供了报表的定制功能，用户可以根据自己的需要，自定义报表的样式、内容等，使得报表更加符合用户的实际需求。通过对行政数据的深度挖掘和分析，高职院校可以更加全面地了解教学情况、发现潜在问题并制定相应的优化策略。这些数据驱动的决策支持为高职院校的行政服务管理提供了强有力的科学依据，推动了行政服务管理水平的不断提升。

（四）学工管理

在高职院校的日常运用中，学工管理工作有着举足轻重的地位，涉及高职院校与学生之间的核心关系与服务交付。其主要工作内容包括学生事务管理、学生档案管理、思想政治教育、学风建设、心理健康教育、突发事件处理等，具有较强的综合性。在当前高职院校行政管理与服务行政管理系统中，通过建设学生信息管理平台，实现对学生工作管理内容的统筹安排。具体而言，该平台的主要功能为：学生事务管理、学生档案管理、信息互动。

1. 学生事务管理模块

学生事务管理模块通过集中化、标准化和流程化的管理方式，实现了对学生各类事务的统一处理与监控。高职院校的学生事务种类繁多，涉及请假、证件补办、奖学金申请等多个方面。在传统的管理模式下，此类事务的处理往往分散在不同的部门或人员手中，导致处理效率低下，且容易出现信息不一致的情况。而学生事务管理模块通过集中化的管理方式，将学生相关事务统一整合到平台上，实现信息的集中存储和处理，不仅提高了事务处理的效率，还确保了信息的准确性和一致性。同时，为确保学生事务处理的公正性和规范性，学生事务管理模块引入标准化的处理流程，主要包括请假申请的提交与审批、证件补办的流程与要求、奖学金申请的评审标准等。通过标准化的处理流程，高职院校能够确保每个学生事务都得到妥善处理，避免因个人主观因素导致的处理不公或不规范的情况。同时，标准化的处理流程也有助于提高学生对事务处理的信任度和满意度。此外，学生事务管理模块注重流程化管理，其要求每个事务的处理都遵循既定的流程和步骤，确保事务能够得到及时、准确的处理。例如，请假申请的处理流程包括学生在线提交申请、班主任或辅导员审批、行政处备案等步骤。通过流程化管理，高职院校能够清晰地掌握每个事务的处理进度和状态，及时发现并解决问题，流程化管理也有助于提高学生的参与度和满意度。除此以外，学生事务管理模块还提供了学籍状态查询、个人信息更新等功能，确保学生和管理人员能够实时掌握学生的最新信息和事务处理进展。通过学籍状态查询功能，学生可以随时查看自己的学籍信息，包括入学时间、专业、学制等，确保信息的准确性。而个人信息更新功能则允许学生在平台上自主更新个人信息，如联系方式、家庭住址等，确保高职院校能够及时获取学生的最新信息。

2. 学生档案管理模块

学生档案管理模块致力于实现对学生档案的全面、系统化管理。高职院校通过利用学生档案管理模块，整合各类信息源，确保档案内容涵盖了学生的基本信息、学习成绩、奖惩记录等传统内容。同时，该模块还积极拓展档案内容的范围，将社会实践经历、党团活动参与情况等纳入其中。并且，该模块建立起完善的学生档案数据库，通过数据库技术，实现对学生档案的高效存储和查询，通过定期维护与更新，确保学生档案信息的准确性与视角性，为高职院校与学生提供了便捷、高效的档案管理服务。学生档案管理模块不仅关注学生的档案内容本身，还通过强大的统计与分析功能深入挖掘档案中的信息价值。通过对学生的成绩、奖惩、社会实践等情况进行统计分析，高职院校可以更加全面地了解学生的成长轨迹和发展趋势，为高职院校的决策制定和学生发展提供有力支持。

3. 信息互动模块

在学工管理工作中，高职院校与学生、学生与学生之间的沟通交流，对于推动高职院校行政管理工作发展有着积极作用。高职院校行政管理部门，通过信息发布和获取平台，能够发布重要通知、政策解读等信息，确保学生能够及时获取并了解高职院校的最新动态。同时，学生也可以通过这一模块获取所需的信息资源，如课程资料、学术动态等，实现高职院校行政管理部门与学生之间的双向沟通，促进高职院校与学生之间的信息传递与交流。除信息发布与获取外，信息互动模块还支持在线交流与反馈功能。学生可以在线提问、发表意见和建议，而高职院校则可以及时回应学生的问题和需求。在线的交流与反馈机制不仅提高了高职院校与学生之间的沟通效率，也有助于增强高职院校对学生需求的敏感性和响应速度。此外，信息互动模块还支持在线讨论与投票功能。学生可以在平台上就某一话题展开讨论，分享观点和看法；同时，高职院校也可以通过投票功能收集学生的意见和建议，为决策制定提供参考依据。以此来为学生提供互动交流的平台，促进信息的共享和传播。

（五）行政服务管理

高职院校的行政服务管理是行政管理中的关键环节，旨在保障教学质量、增强教学效果、推动学生全面发展，并推动教育教学的现代化与标准化。在传统的行政服务管理模式中，行政服务管理员主要专注于对在校学生的管理，且针对不同类别和分支的活动或结果分别进行管理。同时，职教教师主要承担实践教学活动以及日常班级管理工作，而学生及家长在行政服务管理中的参与度相对较低。此外，尽管部分高职院校开展人才培养合作，但其在行政服务管理中的参与也十分有限。而在信息化行政服务管理下，行政服务管理员借助先进的行政管理平台，对学生进行更为系统、程序化的管理。职教教师则利用信息化教学平台和可穿戴设备等工具，进行多元化、客观的数据分析与管理。学生在学习过程中，可以通过教学平台呈现的可视化分析结果，实时、准确地掌握自己的学习状况，从而制定更有效的学习计划。此外，家长和高职院校也通过"家校通"平台和"校企合作"信息化平台，更加积极地参与到高职院校的行政服务管理中，监督教学资源和平台的使用情况，并与高职院校共同解决教学中遇到的问题。

在高职院校的实际行政服务管理工作中，信息化平台的应用使得行政服务管理得以更加精细化和深入。该管理模式不仅有利于"工匠人才"的培养，还体现了行政服务管理过程的连续性和全程管理的特点。行政服务管理模块通过运用先进的可视化分析图谱，为包括行政服务管理员、职教教师、学生、家长以及合作高职院校在内的多方行政服务管理主体，提供了直观、可视化、客观的数据支持。另外，通过采用无纸化的保存方式，信息化行政服务管理使得各类评价结果能够便捷、安全地存储。不仅显著减少了传统纸质文件所需的物理空间，降低存储成本，还极大地降低数据丢失的风险。相较于传统的纸质文档，电子化的数据更易于备份、恢复和迁移，即便在遭遇不可抗力因素时，也能够迅速恢复数据，确保行政服务管理工作的连续性和稳定性。此外，通过该平台，行政服务管理员、职教教师、学生、家长以及合作高职院校等各方可以实时查看、更新和共享行政服务管理数据，确保了信息的互联互通。不仅提高行政服务管理效率，还有助于促进各方之间的沟通与协作，共同推动教学质量的提升。值得一提的是，信息化行政服务管理平台的信息与数据实时更新和共享功能，使得行政服务管理更加高效、透明和便捷。各方管理主体可以随时掌握最新的行政服务管理动态，根据实际情况做出及时调整。对于高职院校而言，这种信息化行政服务管理不仅提高了管理效率，还促进了教学质量和效果的提升。通过对学生学习数据的实时分析和监控，教师可以更加精准地了解学生的学习情况，及时调整教学策略和方法，以满足学生的个性化需求。同时，家长和高职院校也可以通过信息化平台了解高职院校的教学情况和学生的学习进展，与高职院校共同参与到行政服务管理中，形成多方参与、共同育人的良好局面。

第四章

学生管理与服务信息化

第一节　学生信息管理系统

一、学生信息管理系统的发展背景

随着网络信息技术的飞速发展，网络信息化已经融入人类的生产和生活方式当中，并且彻底改变了人类对事情的处理方式。信息管理系统的出现，就彻底地颠覆了人类对于信息的处理方式。从最早所有信息纸上处理的方式，到现在大部分信息都是无纸化和网络化处理的方式，人类对于信息管理的技术有了本质的飞跃，并且这项技术还在不断地发展当中。近十余年来，国家对于高职院校招生的政策一直在不断地放宽，本科生、硕士生、博士生的入学数量都在逐年递增，这样就给高职院校的行政管理工作带来了巨大的考验，主要体现在信息数量巨大、信息更新需及时、信息存储可靠性要求高等方面。因此，以前单纯地依靠人工化和纸质化的行政信息处理的方式，已经不能适用新形势下的行政管理工作要求。行政管理系统的出现，大大地提升了高职院校对行政信息的管理质量和效率，从而进一步提升了教学的质量和工作的效率。现在部分高职院校已经有了自己的行政管理系统，并且都在不断地完善当中。最早的行政管理系统仅包括学生信息管理系统，现在的行政管理系统已经越来越庞大，诸如毕业论文提交系统、考试报名系统、评测系统、财务管理系统等都已经成为新型行政管理系统不可或缺的一部分，并且新的功能还在不断地增加当中。

一套功能完善的行政管理系统可以大幅提升高职院校的工作效率，管理员不用再将纸质文件分发至各个院系，只需要轻轻点击鼠标就可以把文件上传至行政管理系统上供师生查看；教师不用逐个录入学生的成绩，只需要轻轻一点，就可以把所有学生的成绩汇总；学生不用再去行政处进行选课，只需要登录系统，就可以完成对自己感兴趣的课程的选择。当然，上面所说的功能只是行政管理系统当中很小的一部分，越来越多的高职院校行政事情都已经让行政管理系统来承担。但是，部分高职院校（特别是民办高职院校）尚无行政管理系统或者行政管理系统不够完善，这样就严重影响了这些高职院校的行政管理工作，从而影响了办学质量。

国内外对于学生信息管理系统的研究一直都在发展当中。从计算机在高职院校普及开始，学生信息管理系统就在不断发展中，可以这样说，学生信息管理系统是伴随着计算机技术的快速发展而蓬勃发展的。现今，绝大部分高职院校都已经实现对学生信息的计算机网络化管理。大部分的高等高职院校的学生信息管理系统是基于结构的，因为其使得用户只需要一台计算机和一个浏览器程序就可以使用，快捷且方便。但是，由于高职院校多是自己开发学生信息管理系统，所以，现在的学生信息管理系统功能、操作界面、使用方法都没有得到统一，这也是学生信息管理系统一直无法大规模商用的一个根本原因。

二、信息管理系统的功能

信息管理系统是一个以人为主导，利用计算技术、网络技术以及其他相关技术来对信息进行收集、存储、管理、分析以及维护的一套完整的人机系统。这套系统的目的是帮助目标客户提高对信息管理的效率和水平，从而提高竞争优势和效益。信息管理系统是一个不断发展的系统，它借助计算机技术、网络技术以及通信技术的飞速发展，也在不断地发展自身、完善自身。信息管理系统是一个交叉性、综合性的新型学科，这门学科至少包含了计算机学科、数学学科、管理学学科等。信息管理系统有以下几个基本功能：

1. 数据处理功能

信息管理系统的基本功能就是数据处理功能，就是利用计算机技术、网络技术以及通信技术来对数据进行处理。数据处理功能是信息管理系统的最基本的功能也是核心的功能，其他的功能都是建立在数据处理功能之上。

2. 计划功能

计划功能就是在现有的各种条件约束下，充分利用数据来进行分析，从而制定出各个部分的详细计划，如生产计划、财务计划、教学计划等。

3. 控制功能

控制功能就是利用各个部门提供的数据进行分析以后，来全面地把控和监督制定计划的实施情况，如发现实际情况与计划有偏差，会进行一定的干预。

4. 预测功能

预测功能就是利用现代数学、统计学以及预测模型来对现有数据进行分析，从而得出未来的大致情况。

5. 辅助决策功能

辅助决策功能就是利用现代的数学知识，从现有的数据中分析出有关问题的最佳处理方式、方法，从而用来辅助管理人员进行决策。

三、系统需求分析

软件需求分析已经成为软件开发过程中不可或缺的一部分，它是软件生存周期中非常重要的一步，也是起着决定性作用的一步。软件需求分析对整个软件的设计和实现有着至关重要的意义。软件需求分析设计的好坏，直接关系到软件开发的进程和软件完成后的优劣。软件需求分析的主要任务就是精确地告知软件系统"需要承担什么样的工作"，它可以把软件功能和性能的需求细化到具体功能定义的层次，并且找到实现这些功能的途径。

本章描述的是通过与校方负责人、学生处教师、普通教师以及学生进行详细交流以后，参考了其原有的学生信息管理系统和国内外其他高等院校的学生信息管理系统，得出了本系统的需求分析。本章着重进行功能需求分析，同时也对用户需求分析、非功能需求分析和运行环境进行简单的论述。在实际设计和实现本系统的时候，已经将详细的需求分析形成了文档说明，并已经通过软件需求的论证。

用户需求分析指的是软件系统的用户要求软件系统无条件地必须可以完成的任务，简而言之，就是用户对系统的基本目标要求。用户需求分析只能从软件系统外部进行分析，不涉及软件系统的内部特性。学生信息管理系统的角色用户有三类：系统管理员（administrator）、教师（teacher）、学生（student）。三类用户有着其自身的特点，所以对系统的目标任务也不尽相同。下面就对以上三类用户进行用户需求分析：

1. 系统管理员（administrator）

系统管理员通过学生信息管理系统做以下工作：维护学生信息、维护教师信息、维护学生成绩信息、维护课程信息、管理新闻和通知、管理行政文档。

2. 教师（teacher）

教师可通过系统对课程信息、成绩信息等进行录入、更改、删除等操作，并创建行政文档，通过文档资源整合与处理，提高数据统计与分析综合效果。

3. 学生（student）

学生通过学生信息管系统做以下工作：查询自己的个人信息、查询所选课程的教师信息、查询课程信息、选课、查询自己的成绩、浏览新闻和通知、下载行政文档。

四、系统功能分析

功能需求指的是软件系统的开发者应在开发出来的软件中提

供特定的功能或者服务，但仅仅是对这些功能需求进行大致的分析，不涉及具体实现的方法。下面是对学生信息系统管理的各个功能进行大致的分析：账户信息管理功能——每个用户在登录学生信息管理系统后，系统会根据其权限来实现其功能，一直到其退出学生信息管理系统。学生信息管理系统的用户有三类人，即系统管理员、教师、学生。系统管理员拥有最高权限，可以创建、修改、删除、查询其他两类人的账户信息，即教师和学生的账户信息。教师的权限是只能查询自己的信息和其所带学生的信息。为了避免账户管理的混乱，教师不允许修改自己的信息，如发现自己信息错误，应及时通知系统管理员修改。

学生的权限是查询自己的信息和其所选课程的老师的信息。为了避免账户管理的混乱，学生不允许修改自己的信息，如发现自己信息错误，应及时通知系统管理员修改。

1. 课程管理和选课功能

系统管理员可以查询课程信息，如发现问题，可以帮助教师修改课程信息并及时通知教师。但是出于对教师的尊重，系统管理员不能删除教师已经创建的课程，如需删除，可以与教师和高职院校协商解决。课程的创建由教师负责完成，系统管理员有着监督和提醒教师创建课程的职责。教师根据高职院校的统一安排部署和自己的专业所长，在新学期的开始，可以创建自己将要教授的课程供学生选择。在创建课程的同时，应该给其创建的课程圈定一个院系适用范围，规定可选择该院系的学生范围，教师还应该对课程给出一些备注和提示来提供给学生作参考。如果发现课程有问题，教师可以修改课程信息，甚至可以删除该课程。学生可以查询课程信息，并根据自身的情况和兴趣来选择自己新学期的课程。选择课程完毕后，学生还可以查询自己已经选定的新学期将要学习的课程。

2. 学生成绩管理功能

系统管理员可以查询所有人的成绩，如果发现成绩存在问题，进行复核后，可以和给出成绩的教师一同修改这个成绩。同时，系统管理员可以将成绩导入表格中，供高职院校和教师的日常教学工作使用。学生在学期末参加完课程的考试以后，教师可以综合学生平时的表现和期末考试成绩，给予该学生一个课程的成绩，该成绩可以提供给系统管理员、教师、学生查阅。如果成绩出现问题，系统管理员与教师可以修改该学生的成绩。同时，教师可以将自己所教课程的所有学生的成绩导出到表格中，便于今后的日常教学工作。学生可以查询自己所有课程的成绩情况，如果对成绩有异议，可以向高职院校提出复核成绩的申请。同时学生可以将自己的所有成绩导入表中，以便日后使用。

3. 新闻和通知管理功能

新闻和通知能不能及时有效地通过学生信息管理系统发布，直接关系到能不能提高办学效率以及提升质量。根据三类用户的权限不同，可实现新闻和通知的功能也不同。系统管理员可以发布、修改、删除、查询全校的新闻和通知，不论新闻和通知是否是其自己发布的，都可以进行维护。管理员还可以针对特定范围发布新闻和通知，例如，针对某个院系的教师发布的新闻和通知，则所有学生和其他院系的教师不能查看该新闻和通知。教师可以查询其权限范围允许的全部新闻和通知，不论是系统管理员还是其他教师发布的通知，其都可以查询。教师也可以发布自己的新闻和通知，不过其发布的新闻和通知只能面向自己所教授的学生。教师只能够修改和删除自己发布的新闻和通知，不能够修改和删除系统管理员和其他教师发布的新闻和通知。学生可以查询新闻和通知，其可以查询的范围是系统管理员面向全校发布的新闻和通知，还有系统管理员针对其发布的新闻和通知，以及自己所选课程的教师所发布的新闻和通知，其他与自己不相关的新闻和通知，不能够查询。

4. 行政文档管理功能

行政文档可以帮助教师和学生提高行政和学习效率，可以及时准确地传递行政信息，用户可以直接下载文档查阅，不用再通过高职院校、院系、班级层层传递，大大地提高了行政工作的效率。系统管理员可以面对全校师生上传行政文档以方便查阅，也可以面对特定院系的教师和学生上传行政文档以方便查阅。系统管理员还可以下载查看所有的行政文档，无论是自己上传的行政文档还是其他系统管理员和教师上传的，行政系统管理员均可以进行管理和维护。同时系统管理员还可以删除所有行政文档。教师可以上传行政文档，不过只能向其所带的学生进行上传，学生能下载该行政文档。教师可以删除自己上传的行政文档，但是系统管理员和其他教师所发布的行政文档，教师不能自行删除。同时，教师可以下载查看权限范围内的全部文档。学生可以下载系统管理员针对其上传的行政文档和针对全校上传的行政文档，超出权限的文档，学生不能下载查看。同时，学生可以下载查看其所选课程教师上传的行政文档。

五、非功能性需求分析

非功能需求分析是对功能需求分析的补充，主要是分析软件系统的各种限制和用户对软件系统的质量要求。下面是学生信息管理系统的非功能需求分析的论述：可靠性学生信息管理系统之所以采用结构来实现，就是为了满足用户能够随时随地地通过简单的浏览器来使用学生信息管理系统的功能。因此，系统的可靠性十分重要，这就要求学生信息管理系统必须可以提供不间断的服务。在选课、成绩公布等时期，存在大批量用户集中访问学生信息管理系统的情况，所以应考虑系统可以承载多少人同时访问学生信息管理系统。系统还应该具有很高的安全保密性，由于学生信息数据不能随意被修改，所以其安全性非常重要，尤其是成绩信息数据则更为重要。因此，学生信息管理系统应该在设计和实现的时候就考虑到数据的安全保密的要求。

六、运行环境建设

为了更好地实现学生信息管理系统的功能，保证学生信息数据存储的安全性和可靠性，在征得校方的同意的情况下，在原有两台服务器的基础上，增加了一台数据库服务器，与另一台数据库服务器，实现双数据备份系统。

七、系统总体设计

根据高职院校的实际情况，结合功能需求分析，将系统的功能模块划分为五个部分，在实现这个部分的功能模块时，应充分考虑模块之间的通信机制，提高执行效率，具体如下：

用户管理模块：主要承担验证登录、权限分配、维护个人资料等功能，基于安全性的考虑，一般的软件系统均有此功能模块，且独立存在。

课程管理模块：主要承担发布课程、选择课程等功能，此功能模块是本系统的重点功能之一，也是区别于其他软件系统的不同之处。

成绩管理模块：成绩管理模块主要承担发布成绩、查看成绩、维护成绩等功能，此功能模块是课程管理模块的延续，一般需要调用课程管理模块中的选课功能。

新闻和通知管理模块：新闻和通知管理模块主要承担发布新闻通知、查看新闻通知、维护新闻通知等功能，常见的信息管理系统均有此功能，且一般单独作为一个功能模块存在。

行政文档管理模块：主要承担上传和下载行政文档的功能，该模块一般不作为单独的功能直接面向用户存在，由于多个功能模块会调用上传和下载功能，并且该功能一般只向其他功能模块提供服务，因此将该功能模块单独划分为一个功能模块存在。

根据用户需求分析，结合结构的优缺点，参照国内外优秀的同类系统的体系结构设计，本系统利用不断成熟的浏览器技术，结合浏览器的多种脚本语言，用通用的浏览器就能实现原本需要复杂的专用软件才能实现的强大功能，不仅节约开发成本，还可以方便用户使用。

八、数据库设计

任何一个系统的基本任务可以简单概括为对 SQL 数据进行操作，然后返回一个操作的结果给用户。SQL 数据库的设计与实现是系统开发过程中不可或缺的一个步骤，它不仅直接影响到系统的执行效率，甚至还影响到系统能否成功搭建起来。从三层结构来分析，SQL 数据库是存放在结构中的数据库服务器里面，并且为结构中的服务器提供数据支持。SQL 数据库设计是指对于一个特定的系统环境，构建最优的数据模式，建立数据库及其应用系统，用以满足用户对数据的储存和数据的处理等应用要求，它是一个系统设计和实现的关键步骤和核心部分。SQL 数据库设计大致可以分为六个阶段，分别是数据库的用户需求分析、概念结构设计、逻辑结构设计、物理结构设计、数据库实施以及数据库运行和维护。在完成数据库设计与操作的基础上，可提高学生信息管理的综合水平。

第二节 师生互动交流平台

一、平台开发背景

现代教育技术飞速发展，高职院校教学资源建设实现了以纸质教学资源为主要载体到以数字化、电子化教学资源为主的跨越，教学资源服务方式也日渐多样化，传统的纸质教学资源和日渐发展的电子教学资源不断结合构成了一种立体化方式的教学资源。这种立体化教学资源在给教学工作提供强大的技术支持和资源保障的同时，也使得学生在学习内容和方式方面更加多样化。因此，构建一种教学资源的宏观解决方案成为提高高职院校各种教学资源使用效率和教育质量的重要保障。计算机信息技术飞速发展，其在各个领域都得到了广泛应用，尤其在高职院校教育事业中起到了重要的作用。如今，借助网络来进行日常各种教学活动成为一种新的趋势。教学活动使用网络来进行辅助，是计算机网络信息技术在教育活动中的成功应用，在世界各国的各种教育活动中得到广泛应用，它对传统教育形成挑战的同时，更对其起到了补充的作用。随着网络多媒体技术的飞速发展，现代教育教学发展的研究方向转变到如何实现网络信息与教育资源的交流共享以及实现教学资源的最优化方向上来。因此，构建交互式网络立体化教学与学习环境就成为解决方案之一。利用现代网络技术、网络多媒体技术与现代学习理论相结合，通过构建交互式网络立体化教学学习环境，来实现现有各种分散的教学资源充分共享，以有效实施个性化教育及实现教学双方之间的充分沟通交流，使传统模式下的封闭或半封闭的课堂教学环境变成一个充满交互的网络虚拟学习社区。随着网络教学工程的完善，网络行政服务管理的重心也向适应高职院校行政服务管理特点的网络教学系统转变。集成大量支撑工具的智能化的并具有很好的开放性和扩展性的网络行政服务管理系统是未来的发展方向之一。课堂教学工作中，网络教学是必不可少的，课程教学的基本策略是"因材施教，因势利导"。对传统的"教学者为主体，学习者为客体"的学习方式进行改变，真正实现学习者的个性化、自主化和辩论式的学习，激发学习者的学习积极性和主动性，将网络教学与实际课程教学进行融合是网络教学系统的发展主要标志。很多师生在学习过程中习惯于在互联网上查阅资料，网络在给学生和老师带来便利的同时也带来很多负面影响，有人做过统计，在互联网上，专业的教育学科类网站占比不高，能够用于教学和学生拓宽视野的教学资源少。因此，建立一个交互良好的网络教学平台可以极大地帮助师生进行交流和学习。网络立体化教学平台不仅可以帮助学生进行有效的学习，同时可以为教学活动交流的有效实现提供一种有效环境。它作为传统大班课堂教学的补充和延伸，也为师生敞开心扉进行交流提供了方便，可以实现师生双方各方面的情感交流，同时还为教师间的合作与交流提供了更加有效的平台。素质教育在当今的教育中变得越来越重要，因此这种网络教学平台显得尤其重要。建立的网络立体化教学平台具有鲜明的特色，不只满足个人特色还有校本特色，其他的商业网站以及同行类似的教学网站也无法取代这一点，例如，师生之间的交流可以因教学内容及学生反映的不同而及时进行各种更新。建立在各种立体化教学资源的基础上，利用单向教学的数字化信息服务系统，为各种优秀资源的管理和使用提供了基础条件，把为教学活动提供优质教学资源的服务融入教学是高职院校需要做的工作之一。为使得教学资源库可以快速传播和更加有效的使用，教学资源的数字化信息服务系统的建设为其提供了一个方便和快捷的交流平台，为师生提供了一个在线利用教学资源的广阔空间。目前很多高职院校在教学资源服务系统建设方面做了建设性的探讨和实践工作，形成了具有自己高职院校专业学科特色的服务体系。教学资源数字化信息系统在对高职院校的各种教学资源进行有效管理的同时，还能提供基于大量资源的检索与管理的服务。主要包含以下几个方面的功能：一是浏览和检索信息数据。二是根据专业进行信息的查找，在线利用丰富的教学资源。三是教学资源的定制推送功能。在立体化教学的各种要素中，教学资源管理系统的建设是极其重要的一环，为数字化教学资源的发展、推广和应用提供了优质的服务平台，同时给予这种新形态的数字化教学资源体系结构一种关键的支持作用。加强教学资源管理系统的建设与管理工作，为师生获取优质教学资源提供平台与服务是当今教学工作的重中之重。

二、平台建设目标

交互平台主要为师生提供网上的课程学习和互动活动。师生能够在客户端便捷地浏览教学网站上各种相关信息，例如，教师发布的课件、公告信息以及其他信息资源等。学生可以通过最新公告清楚地了解下一步需要完成的事情，通过网络资源方便地找到该课程的相关资料，通过留言板，提出自己的问题。管理员则可以在后台对同学的问题做出回答，形成一种互动。通过此种互动可以加强教师与学生之间的交流以及学生与学生之间的沟通了解，加强了知识的流畅性的同时，很大程度上实现了课下学习的互动。交互平台还能够实现各个专业课程教学活动中的发布通知、课堂考勤、作业的发布和批改等众多环节的网络化，不仅能够减轻教师的教学负担，还提高了教学工作的效率。教师只需在对应板块录入相关课程的信息，网络课程随之创建，而且结构比较合理。学生登录系统后，系统的主界面将会围绕课程内容贯穿进行，配合教学课件查询、作业浏览等各项学习活动。对于教师用户，登录后的主界面会围绕课程管理，可以进行课程信息发布和修改、教学文件发布、作业管理等教学活动；实现在线回收作业、批改作业、设置课件库、在线答疑、网上命题等功能。各种现成的课程资源综合使用了文字、数据、图形、图像、视频、音频、动画等多种媒体技术，符合教学规律和特点，通过听觉和视觉的直观效果增加了艺术性和实用性，使学生对课程能够更好地学习和理解。交互平台能够对学校的现有教学资源进行整体整合，大幅推动立体化教学资源的建设，实现教学模式的灵活多变。同时使得教学内容在逻辑性和科学性方面有所增强和提高，学生自主学习的积极性得以提高。能够使得教学效果大幅度地提高的同时积极促进师生创新意识的培养。教学平台主要实现个人办公、在线教学、课程及教师主页、个人事务管理等子系统，教职工可以利用系统进行收发文件，发送信息和通知公告管理等；同时也可以在线进行课程的创建以及发布与课程相关的课件、课程通知等信息，通过此平台增强了与学生的交流；学生通过此平台进行课件的浏览，完成和教师以及其他同学的交流工作；系统可以自动生成教师用户的主页和创建课程的主页。此教学平台使得学生在学习方式方面发生了重大变化，利用教师发布的网络课程可以方便地在线进行学习、完成作业、练习以及考试等。师生的交流方式也发生极大的变化，系统设有专门的答疑和交流模块，师生之间的交流变得更加丰富。

三、平台功能分析

根据网络立体化教学资源交互平台的设计与实现需求分析，系统分为以下几个功能模块：通知公告、教学相关功能、个人事务功能、课程和教师主页生成功能。具体功能如下：

表 4-1　功能需求分析

编号	名称	简述
1. 通知公告		通过此板块可以向全院师生发布通知公告，用以对新闻进行增加、删除、修改、查询
2. 教学相关功能		
2.1	教学资源管理	管理学科内容
2.2	课程讨论	学生可以针对某课程进行讨论，并对相关问题进行分析
2.3	课程任务管理	对课前准备、课堂教学、课后作业、期中期末测试等进行分析
2.4	课程作业管理	学生可以提交线上作业，并进行在线批阅

编号	名称	简　　述
2.5	在线交流互动	增强师生交流便捷性
3. 个人事务功能		
3.1	网络硬盘	用于个人信息存储
3.2	网络记事	记录相关事件信息
4. 课程与教师主页生成		
4.1	课程主页	创建课程，生成课程主页
4.2	教师主页	生成教师主页，并设置留言功能

四、系统架构设计

系统总体设计是对系统在业务逻辑、技术、功能等方面进行全面的架构设计，而它是指将需求分析的整体逐层深入地分解为更加细小的子系统和子业务系统模块等，意指系统的总体设计可以通过整个系统需求分析的深入了解而获得。一个稳定的系统总体设计，还要考虑系统详细设计、业务流程设计、系统部署环境等问题。SSH 是目前开发手段中最为稳定、受追捧的开源框架，它提供了良好的应用程序框架体系，保证系统开发速度快、运行稳定等，从表现层、业务逻辑层和数据持久层三个方面进行良好的集成使用。

此外，系统总体设计还需要整合课程资源和教学资源。在构建网上教学系统时，整合系统内部资源与其他实践课程电子资源，保证其他课程资源能够随时在系统内运行。系统设计时应该结合国家标准，确保制定好的教学内容，不违规违法、合理规范。在

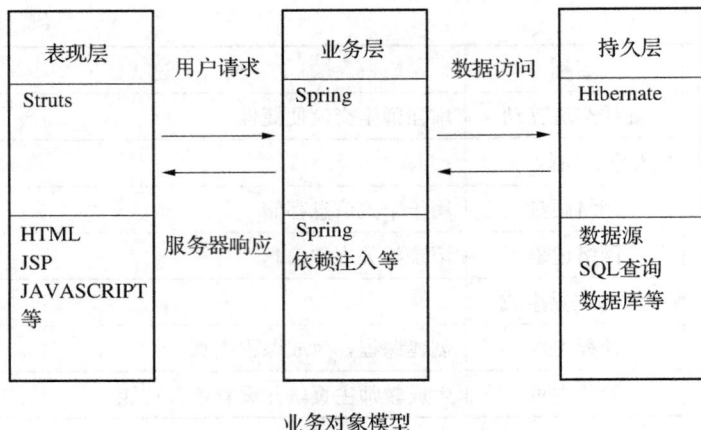

图 4-1　平台结构图

信息化教育的时代，系统应该能够与高职院校其他业务系统进行良好对接，便于与其他系统的共享。例如，在网上教学系统中能够导入行政系统中学生的选课信息，这样就避免了学生在网上教学系统中进行再次选课学习。在系统认证方面，系统应提供良好的接口方便高职院校统一认证平台的接入，确保师生统一账户和密码。在系统性能方面，应该注意的是稳定性、高并发性、可移植性、可扩展性等条件，保证用户能够很好地使用系统。能够根据不同的应用需求来选择不同的教学系统，这能够为高职院校教学提供更好、更快捷的服务，同时需要预防系统崩溃，在系统崩溃时应有预案。

在已经搭建的网络教学平台中，借助网络力量大力拓展网络课程教学的优异性，帮助学生提高自主学习的能力，同时保证系统能够真正地帮助师生解决教与学的问题。课程资源的建设是系统目标中的重中之重，需要教师建立高质量课程资源，给予学生高质量的网上教学资源，这样才能确保网上教学平台的进一步拓展。最后，加强对教师和学生的计算机基础能力教育，提升师生的计算机能力，加大他们对网络教学系统的认知能力，最大力度提高网络教学系统的有效价值，帮助学生更好地学。

五、业务逻辑分析

系统采用了最常见的 B/S（客户端浏览器）的应用模式。在这个应用模式中，业务逻辑层可负责业务逻辑的处理和业务逻辑的跳转，同时完成业务逻辑的整合，并通过依赖注入和控制反转问题来进行接口设计，这样大大地降低耦合度，耦合度降低使得系统框架的可扩展性增强。和传统应用开发的技术架构完全不同，其在开发工作中应用了很多组件，这样就可以简化并且规范化应用系统的开发与部署工作，因而在可移植性、安全性和重复利用的价值方面有了极大程度的提高。核心是一组技术规范与指南，包含各类组件和服务架构，它们都有相兼容的标准，这使得基于架构的各种平台能够进行兼容，同时也使得从系统后端的信息产品之间无法兼容的问题得以解决。

利用平台来简化高职院校解决方案的开发、部署和管理相关的复杂问题的体系结构便是在进行数据开发以及数字化处理的基础上，可对平台的标准版的众多优点进行巩固，例如，只需要进行一次编写工作就能够随处运行的特点、文档能够极其方便地对数据库进行存取工作以及能够在互联网应用中启动数据保护的安全模式等，同时能够对数字处理以及技术提供更加全面的支持，成为能够使高职院校开发者大幅度缩短系统进入市场时间的体系结构的最终目的。为了能够满足无需太多费用、高可用性、高可靠性以及可扩展性的应用的需求，体系结构方面靠提供中间层集成框架来支撑。可以通过提供统一的开发平台而在开发多层应用的费用和复杂性方面起到了降低的作用，同时对目前的应用程序集成提供强大的支持，可以起到良好支持，具备良好的向导支持和部署应用，以及添加目录支持和增强了安全机制，提高了性能，为搭建具有可伸缩性、灵活性、易维护性的系统提供良好的支持。高职院校要不断适应各种新的商业需求，因此在利用已有的信息系统方面的投资代替重新制定全盘方案的问题上显得格外重要。这样，一个以渐进的方式建立在已经存在的系统之上的服务器端平台机制是公司所需求的。可以在一个异构环境中进行可移植程序的各种工作。基于平台的应用程序可以不依赖于某种特定操作系统。鉴于此种特性，经过合理设计的基于平台的程序可以只需要进行一次开发工作就能够在各种平台进行部署。这在典型的异构高职院校计算环境中是非常重要的环节。技术容许兼容第三方的现成的组件，整体进行部署，从而节省很大一部分费用。高职院校应该要选择一种服务器端平台，这种平台在提供的伸缩性方面是良好的。基于平台的应用程序应该能够部署到多种操作系统之上。

基于模式设计的思想，平台的业务逻辑的整体架构可分为表现层、业务逻辑层、控制层和数据持久层。表现层：负责页面的显示工作，它可以使用大量的定义标签，并完成数据的绑定工作。同时还可以通过技术来对一些特殊效果进行处理以便让用户体验到更加丰富的效果。数据层位于最底层，除了对数据进行存储外还可以对数据库进行增加、删除、修改和查询的操作。业务逻辑层：对业务逻辑（教学资源的管理、课程讨论、课程任务管理、课程作业管理、学生在线交流动、网络硬盘）进行定义。业务逻辑能够对表现层发送的数据请求进行判断，然后对数据访问层提交请求以及结果。在整个系统框架中，负责各个业务类和数据库访问类的关系连接以及类的初始化工作，来负责用户数据的请求以及数据的校验，通常数据的校验是提高用户体验的一个形象化的描述，这样避免了用户连续的提交错误的数据请求，减少了服务器的负载能力，提高了系统的可用性，负责整个数据的持久化工作，加快了数据响应。

六、系统功能分析

系统的详细设计是保证一个系统正常、顺利实现的关键性步骤，它为开发人员在实现过程中提供了基础保障，同时也为整个系统运行、需求变更提供了可靠依据。在系统详细设计过程中，领域模型（系统核心类）的建立是第一步，在领域模型中，通常对概念类抽象并阐述它们之间的关系。完成领域模型建立之后，需要描述系统的静态结构，通常使用类图来完成，类图可以包括极其广泛的信息，包括类、关联、属性、接口以及接口上的操作等。下面给出功能模块创建的主要步骤：

第一步：根据需求分析，抽象出系统中使用的类，根据概念模型中建立的概念类的属性转化为实际业务类的属性。

第二步：描述类的实现方法。可以通过对交互图进行分析而得到。对应的类中封装了添加、删除、修改和查询的方法，类的创建和对属性进行存取的方法没有封装。

第三步：为类添加其他丰富的信息描述。例如，设计类图中的方法中的参数属性以及返回类型等。

第四步：添加关联以及导航。从一个源对象顺着关联方向到达目标类的执行策略称之为导航，从被关联类到关联类的属性的可见性可以用导航箭头表示。

第五步：添加类之间的依赖关系。在类图中通常使用依赖关系来描述类与其他类中非属性字段的关系。在面向对象软件开发中，基本构造单元就是类，我们将这些类放在一个集合体中，我们称之为包。在应用系统中，涉及的业务比较复杂导致类的数量增多，而这些类之间关系已经没法通过人脑来完成分类或者辨别，由此"包"的概念引入进来。

七、数据库设计

系统的数据库采用了灵活方便、性能卓越的数据库，是一个开放源代码的小型关联式数据库。目前，被广泛地应用于互联网上中小型网站，而且体积小、速度快，总体成本也比较低。具有很多优良的特性，比如，可以支持多种操作系统、支持多线程、能够充分利用资源以及优化了的查询算法，可以有效地提高查询速度等。

第五章

安全管理与服务信息化

第一节　顶层设计与规划

　　顶层设计，即自上而下的设计，是从全局的角度出发，抓住重大问题，统筹考虑各层次、各要素，集中有效资源，快速高效解决问题的方式。其核心就是使各层次、各要素围绕核心理念彼此衔接、运转。目前大多数高职院校虽然制定了行政管理与服务信息化的规划，但是受限于各种因素影响，整体性和长远性都有所欠缺，系统数据标准不同难以集成、各部门系统重复建设、系统建设未考虑高职院校长远发展等问题频发，很难引领高职院校的行政管理与服务信息化整体发展。因此我们要想科学合理地进行行政管理与服务信息化顶层设计，要运用好数字治理理论，从整体性出发衡量人员理念、运行机制、建设标准、发展阶段、实践需要等各个层次、要素，有效规避各类风险，保障高职院校行政管理与服务信息化的有序健康发展。教育信息化建设是提升高职院校整体实力的有力武器，而高职院校教育信息化建设规划则是确保高职院校教育信息化建设成效的关键和保障。因此，能否做好高职院校教育信息化发展总体规划工作直接决定高职院校教育信息化的成败、影响高职院校的整体发展。

一、建立专业的组织机构，统一管理高职院校教育信息化建设

高职院校教育信息化是一个动态的不断发展变化的过程，其变化发展的过程需要一个有效的评估方式，来衡量其真实的发展水平。每一所高职院校的建设都离不开信息化的参与，高职院校教育信息化有一个庞大的高职院校群体，这就需要一个专业的信息化组织机构将这些高职院校紧密联系在一起，避免出现一盘散沙的情况。世界教育信息化发达国家的做法为高职院校提供了借鉴。美国高职院校的教育信息化研究会 EDUCAUSE，通过信息技术的智能应用，促进高职院校的发展，美国的 CCP 调查计划，每年展开一次对美国高职院校行政管理与服务建设情况全面的调查，准确掌握美国高职院校行政管理与服务发展的最新状态及存在的问题。英国信息系统联合委员会（JISC）通过提供战略指导、建议，引导高职院校研究机构利用信息和通信技术支持教学、学习、研究和管理。韩国政府通过韩国教育研究信息服务会（KERIS），建立了为高职院校学术信息服务的 RISS4U 网站，RISS 服务系统与国际接轨，研究者通过该系统下载国内外学术信息资料库以及高等院校研究机构资料库中的学术文章，帮助研究者快捷、有效地获得高质量的研究信息。

2011 年为了贯彻落实《国家中长期教育改革和发展规划纲要（2010—2020 年）》，加快教育信息化进程，我国专门成立"教育部信息化领导小组"，并下设教育信息化推进办公室。教育信息化推进办公室主要负责开展教育信息化重大问题调研工作，统筹协

调教育信息化推进实施工作；规划和推进教育网络与高职院校信息化基础设施、教育电子政务、高职院校行政管理与服务信息化建设、优质教育信息资源开发与共享、教育信息化技术研发体系建设等，并开展教育信息化人员培训，此举无疑对促进我国高职院校教育信息化快速发展有着重要的意义。但是，教育信息化内涵广泛，包括基础教育信息化、职业教育信息化、高等教育信息化、继续教育信息化等，为更好地推进高职院校教育信息化的建设，应建立专门的职责明确的高职院校行政管理与服务组织与促进机构。建立专业的全国高职院校教育信息化组织机构对改变我国高职院校教育信息化目前存在的自主管理、自主建设、不成体系、各自为政等问题有重要作用。

近几年，政府及教育厅对高职院校教育信息化的发展也越来越重视，高职院校教育信息化的管理机构也越来越完善。高职院校教育信息化管理工作主要由教育厅高教处统筹协调；教育管理信息中心专业管理，负责教育信息化网络建设和应用管理；行政信息化工作领导小组统筹规划领导各级各类教育。领导小组由电教馆、高教处、师资处、财务处、基建处、教研室等多部门组成。教育厅高教处目前是作为高职院校教育信息化建设的主抓部门，负责高等教育信息化发展与建设总体规划审定；统筹指导普通高等教育、高等职业教育、成人高等教育、远程教育等各类高等教育信息技术专门人才培养和师资队伍建设工作；指导高等教育高职院校数字化高职院校建设以及信息化应用工作；负责高等教育精品课程等信息资源建设的规划及组织工作；负责高等教育系统教育信息化建设有关项目的牵头、实施工作。

目前，高职院校教育信息化建设已经基本形成了以教育厅高教处为中心，以电教馆为主要负责机构，其他各部门配合的专业管理结构，为高职院校教育信息化的建设起到很好的协调作用。

二、高职院校信息安全动态管理

高职院校信息安全管理是一个系统性的动态管理，需要信息安全管理理论的指导、制度的保障、措施的落实、完整的风险评估、应急机制及科学有效的信息安全意识教育等方面的支撑。高职院校应结合自身特点，借鉴国际标准中的信息安全管理体系，构建一个完善的高职院校信息安全管理体系。这个体系要充分考虑到以下几个方面：

一是建立强有力的信息安全管理组织，完善信息安全管理工作机制。信息安全管理组织机构是信息安全管理活动开展的主体。高职院校可以结合高职院校特点，按照信息安全管理的任务来划分决策层、管理监督层、运营执行层。这个组织管理机构应将在校内涉及信息安全领域的部门及机构纳入其中，要涵盖董事会、网络中心、武装保卫部、校外承包商驻高职院校代表等，这样才能使得信息安全管理措施落实到位、不留死角。制度的建立，是工作开展的保障。如果信息管理组织是武器，那么制度的建立、工作机制的构建就是兵法，单单依靠武器是无法取胜的，必须还要有兵法才能立于不败之地。高职院校应继续修订并完善关于高职院校网使用及管理的相关规章制度。这类规章制度包括应急管理、风险评估机制、网络使用操作流程规范、信息安全意识教育、信息安全管理事故责任追究制等。

二是对高职院校信息等级进行详细分层。高职院校信息容量大，要对安全管理的对象进行划分，分清需要保护的信息和不需要保护的信息，重点保护的信息和非重点信息。在信息等级方面按照信息资源提供的对象可以分为行政领导、高职院校网用户、部门人员、一般互联网用户，对信息进行分层管理。

三是对信息安全管理进行有效评估，积极开展信息安全技术方面的合作。对高职院校信息安全管理现阶段的状态进行有效评估。PDCA 循环是将质量管理分为四个阶段，即 Plan（计划）、Do（执行）、Check（检查）和 Act（处理）。在质量管理活动中，要求把各项工作按照规范作出计划、计划实施、检查实施效果，然后将成功的纳入标准，不成功的留待下一循环去解决。PDCA 管理要求对现有目标进行改进，同时作为下一个改进的目标。作为下一个改进的目标必须建立在前面的基础上。在制定新的信息安全管理策略前，需要通过有效评估充分了解掌握现有信息安全管理状态。经济因素是高职院校建设中必须考虑的因素。单单从经济的角度上，积极与网络安全技术公司开展合作，依托信息工程、计算机技术、网络工程等专业开展教学科研活动，借助先进经验提升信息安全技术水平，可以在一定程度上降低经济成本。

四是营造浓厚的信息安全文化。文化具有"润物细无声"的功能，对信息安全意识教育的效果具有积极促进作用。目前，高职院校中信息安全文化的建设还处于起步阶段，但是已受到高职院校的重视。许多高职院校都开展了一系列信息安全文化的相关活动，如网络安全主题教育活动、网络文明辩论赛、举办信息安全节等。随着互联网技术深入社会各行各业中，大学生使用网络能力成为必备的技能，所以应该通过不断营造高职院校信息安全文化氛围，加强信息安全意识教育。

五是满足高职院校发展的整体规划及需求，构建信息安全管理风险评估机制。高职院校的发展是一个动态的过程，信息安全管理也是一个动态的过程，每一个阶段遇到的安全问题也带有一定的动态特点，因此要在充分考虑高职院校发展规划的基础上，用发展的眼光考虑高职院校信息安全管理。许多行业通过引入风险评估的办法来强化管理措施的针对性。信息安全风险评估就是以信息安全风险为评估对象，主要是评估安全事件发生的可能性以及可能造成的损失程度。信息安全风险指在信息化建设中，各类应用系统及其赖以运行的基础网络、处理的数据和信息，由于其可能存在的软硬件缺陷、系统集成缺陷等，以及信息安全管理中潜在的薄弱环节，而导致的不同程度的安全风险。网络技术的发展给高职院校带来了诸多便利，促使高职院校信息化建设快速发展。但是同时也给高职院校带来了信息安全领域的问题。针对不同信息安全威胁采取不一样的安全措施来预防或解决，做到与时俱进，才能提升信息安全管理的有效性。当然，这不是要求时时刻刻都要更换管理思维、管理理念，而是要充分结合高职院校发展的进程以及信息安全管理的发展特点，认清信息安全风险。高职院校在信息化高职院校建设起步比较晚，对相应的风险评估体系的认识还不够到位，风险评估机制的建设基础薄弱。要实施信息安全风险评估，构建一个较完整的风险评估机制就需要弄清楚以下几个问题：

一是哪些目标是风险评估的目标。高职院校在信息化建设推进过程中，学生数据资料库、科研资料库、网络系统安全、网络攻击、垃圾邮件、信息安全管理设备等都有可能成为安全威胁的目标。

二是确定风险评估的目标就是抓住重点、明确方向，这样才能提升风险评估的针对性及有效性；而采用什么方法，这个问题就是要确立风险评估的方式方法，这是信息安全风险评估的手段。高职院校可以在高职院校范围内采用国际标准的信息安全管理体系，同时结合自身高职院校特点，构建风险评估机制。

三是谁来评估？就是要明确进行风险评估的组织机构。高职院校风险评估组织机构人员构成可以由高职院校信息安全决策层、信息安全管理部门以及为高职院校提供技术服务的校外专业技术人员组成。这样既能保证信息安全风险评估的落实，又能从技术层面及管理层面确保信息安全风险评估机制的构建。

三、整合信息化相关部门

信息化部门是高职院校行政管理与服务信息化的组织保障，高教创新最根本的问题就是高职院校组织的创新。注重行政管理与服务信息化的高职院校，依据归口管理业务不同设立了数个行政管理与服务信息化职能部门。例如，信息中心、信息设备处、现代技术教育中心等，分别负责各自的行政管理与服务信息化工作。但是这类部门大多听命于不同的主管领导，高职院校行政管理与服务信息化的规划决策、建设管理"多头"问题普遍存在。一方面，高职院校师生员工经常在管理或服务出现问题时无法找到问题的归口责任部门，多个职能处室彼此之间互相推卸责任，管理质量和服务水平无法提高。另一方面，对行政管理与服务信息化缺乏重视的高职院校，受到传统理念和人员编制的约束，行政管理与服务信息化职能部门依托于二级学院或处室，组织协调能力极为有限，难以担负推进全校行政管理与服务信息化发展的重担。因此，重视行政管理与服务信息化的院校应该积极整合行政管理与服务信息化职能部门，发挥其对全校行政管理与服务信息化工作的引领作用。而行政管理与服务信息化缺乏重视的高职院校，更应整合行政管理与服务信息化部门，提高信息化职能部门的定位和影响力，力争实现行政管理与服务信息化的规范统一管理。

四、打破科层制，实现扁平化管理

受信息技术高速发展的影响，高职院校的管理正受到严峻挑战，高职院校改革创新已成为当前最受关注的话题，而高职院校改革创新的根本就是组织结构的创新。社会倡导的扁平式组织结构在管理领域正发挥着天翻地覆的作用。通过减少层级，授权和分散决策权等方法实现权力的下放，能够有效调动基层管理人员的主观能动性，增强自助服务意识，实现向以服务为导向的灵巧型组织转变。科层制的管理模式，在一定程度上起到了提高高职院校管理效率、稳定高职院校管理秩序的作用。但是随着高职院校事务的不断扩大，传统科层制传递层次多、信息失真的问题越发凸显。机构重叠、职能交叉、多头指挥、效率低下等问题严重阻碍了高职院校学术发展。多层次垂直管理、职责明确的高职院校组织结构愈发不足以满足不断增长的办学规模，师生对于管理创新的需求不断增加。因此，进行组织革新，探索快捷精准、满足更大规模和高质量发展的组织结构，已成为高职院校管理改革的着重点。精简组织结构，关注核心任务，确立竞争优势，成为各院校进行组织结构革新的第一构想。相较传统的组织结构呈现出扁平化、分立化、虚拟化、边界模糊化等发展趋势，组织结构动态性增强。其中最重要一环，是组织结构的扁平化。而行政管理与服务信息化则是扁平化理论的技术前提。行政管理与服务信息化的传播方式更加注重部门间的横向传播，追求简单高效，这恰恰与扁平化管理以工作流程为中心、注重层次简化和权力下放基层的特点相一致。行政管理与服务信息化通过促进管理的扁平化，提高了信息流动的效率，增强了教职工的团队协作意识，解决了传统行政服务信息失真的问题，由此为高职院校决策提供组织基础。

五、构建现实＋虚拟的组织结构

构建高职院校"数字孪生"，在物理空间大学的基础上构建另外一个数字空间的大学，推动物理空间上的高职院校和数字空间上的高职院校"孪生融合"，实现信息化和教育深度融合发展。构建行政服务的线上＋线下协同机制，根据业务流程组建永久性的项目小组，独立于组织结构之外。例如，高职院校迎新工作，根据收费、住宿安排、班级安排、一卡通办理等多个业务，将每项业务的管理人员组合成为一个小组。避免因为跨部门办理业务造成相互推诿的现象。

第二节　安全管理平台建设机制

一、统一标准、统一规划的建设机制

高职院校行政管理服务信息化是一项系统工程，其建设规划是做好行政管理与服务信息化工作的先决条件，也是行政管理与服务信息化建设的依据和指导纲领。而统一的建设标准是完成系统集成与共享数据库建设的基础，也是高职院校行政管理与服务信息化长远发展的需求。统一的信息标准规范、用户标准规范、运维服务标准规范、信息安全标准规范可以最大限度地实现数据共享、保障系统后期运维、提高服务质量、保障信息安全，有效防范行政管理与服务信息化过程中的各种弊端。当前大多数高职院校已经制定了统一的建设标准，达成了职能部门统筹高职院校行政管理服务信息化工作、负责全校行政管理与服务信息化规划的共识，但是在高职院校实际建设过程中，系统数据标准不统一、系统重复建设等问题屡见不鲜。深究其原因如下：

一是行政管理与服务信息化建设标准的制定晚于系统建设的时间，前期建设的系统受限于业务流程正在使用或合同限制无法进行统一标准的修改。

二是高职院校系统大多采用直接购买的形式，系统数据标准和高职院校建设标准有较大出入，修改耗费大量时间和人力物力。但是在系统集成整合的过程中，我们发现同一标准、同一规划的建设机制如果得不到落地，将直接影响数据共享的进程和质量，影响高职院校高质量内涵式发展，阻碍高职院校治理能力现代化。基于上述分析，对信息系统建立统一的建设标准是非常有必要的。对于新建的信息系统，不论采用何种合作方式建设，都应该遵循信息化部门的要求，只有这样才能保障各系统在硬件管理、软件管理、安全防护管理等方面的稳定运行，保障数据的"一数一源"，消除数据孤岛。

二、全覆盖、全周期的互动机制

行政管理与服务信息化各主体间的良性互动关系，可以约束各自的权利、协调各方的利益关系、更好地整合行政管理与服务信息化资源，推进我国高职院校治理能力现代化。在信息化建设过程中，务必以用户需求为导向，注重双向沟通，不断调整建设方案。现阶段高职院校许多系统交付使用后功能使用率不足三成，究其原因就是与用户互动机制尚未建立、与用户沟通不畅，按照自身业务开展进行管理信息系统建设。所以必须建设贯穿行政管理与服务信息化系统建设全周期的多方参与互动机制，广泛吸收用户的意见。学生作为行政管理与服务信息化的重要参与者和最终使用者，其想法需求直接影响系统建设效果。因此要畅通沟通渠道，创新学生参与形式，为学生用户参与行政管理与服务信息化建设创造有利条件。在行政管理与服务信息化项目立项之初，结合实际需求，采用调查问卷的方式收集学生需求，获取学生的想法和顾虑；在项目施工过程中允许鼓励更多的学生参与其中，通过实地访谈等方式采集意见；随机选择部分学生，参与建设的协调会，并让其负责部分工作；在行政管理与服务信息化项目测试使用阶段，要大规模邀请学生参与测试，并根据反馈意见及时进行修改。教职工对于行政管理与服务信息化产品整体满意度较低，主要是反映在行政管理与服务信息化产品对教职工反馈更新不及时、系统操作复杂、缺少产品的使用培训等方面。因此在今后的行政管理与服务信息化建设中，要注重及时跟进反馈意见的修改、加强与教职工用户的交流沟通，主动跟踪需求变化。

三、科学、客观地评价考核机制

高职院校安全管理评价考核机制需结合制度设计、过程管理、结果应用及持续改进等维度，确保全面性、动态性与可操作性。常态化检查与专项治理结合：定期组织学期检查，辅以专项活动，强化重点领域监管。奖惩分明：对考核优秀部门给予物质奖励（如奖金）与荣誉表彰；对不合格部门通报批评，并要求限期整改。与绩效挂钩：将安全考核结果纳入部门年度绩效、干部晋升及职称评审。诊断与改进：基于考核结果开展内部质量诊断，实现自定目标、自我改进的循环提升。制度优化：根据年度考核反馈修订安全管理制度，动态调整考核指标。

在行政管理与服务信息化的建设过程中，采用科学客观的评价机制，可以准确掌握高职院校行政管理与服务信息化建设的情况，为下一步的建设决策提供有力支持，促进高职院校行政管理与服务信息化的高质量发展。现阶段我国还未建立统一的信息化评价指标体系，现有的指标体系导向性、驱动性、动态性不足，往往存在着信息化职能部门既是建设者又是裁判员的现象。因此要通过完善信息化指标体系、引入多元的评价主体等方式构建科学客观的高职院校行政管理与服务信息化机制。

四、实时、透明的监督机制

行政管理与服务信息化监督机制就是各参与者对行政管理与服务信息化工作和人员行为展开观察、评价及改造的系列过程，强调监督过程的公平透明、实时准确。现阶段我国高职院校监督普遍存在信息资源不足、工作效率较低及监督成效不理想等问题，因此要通过大数据等新兴技术改变传统监督方式受时间、空间、人力限制的现状，构建"互联网＋监督"机制。大数据监督采用智能化的手段，通过建立互联网监督平台有效控制监督成本、拓宽监督区域、缩短监督环节。这种方式使监督人员和被监督人员联系更加便捷，大大提高了处理问题的效率。

五、高效及时的行政服务运维管理机制

目前，我国行政管理与服务信息化建设已进入深水区，高职院校的硬件设备、信息系统及数据量不断增加，高职院校行政服务运维管理难度不断增加。而我国高职院校在运维管理队伍培训考核、运维管理操作流程与衡量标准等方面还不够完善，不能有效支撑行政管理与服务信息化运维工作。因此必须建立高效及时

的运维响应机制，提高运维管理的效率和质量，保障师生用户的服务体验。高职院校应建立高效的运维管理机制，明确运维的对象和内容，实时监控设备系统的运行状态；根据问题的影响和紧急程度实施分级管理，明确对应的响应时间和应急处理预案；建立运维管理手册，通过标准化、规范化的操作指导有效提高管理水平；加强运维管理队伍建设，通过进修培训、自学、科研等方式提高专业水平；明确管理责任制，避免出现工作推诿等问题。针对学生提出的响应时间较长、维修不及时的问题，高职院校应加强与学生用户的沟通互动，及时获取问题产生的原因，建立问题解决反馈机制，提高学生的用户体验。针对教师提出的运维人员服务响应及时但问题解决水平不高的问题，高职院校应加强专业的技术培训，同时建立并完善故障库，储备运维管理知识，这样才能缩短解决问题的时间。

第三节　安全管理智能化、信息化与可视化

一、智能化

高职院校安全管理智能化是指通过物联网、人工智能、大数据等现代技术手段，构建智能化的校园安全防控体系，提升校园安全管理的效率、精准性和应急响应能力。具体核心应用场景如下：智能监控与预警：通过摄像头＋AI算法，实时监测异常行为、危险区域闯入。消防智能化：烟感、温感设备联网，结合AI分析火灾隐患；自动触发喷淋系统并同步报警。实训安全监测：在机械操作、化工实训等场景中，通过传感器监测设备状态，自动切断危险操作。人脸识别门禁：宿舍、教学楼、实训楼的进出权限管理，防止外来人员混入。学生行为分析：通过校园一卡通、课堂签到数据，分析学生异常轨迹（如长时间滞留危险区域）。实习安全管理：利用GPS定位、企业合作平台，实时追踪校外实习学生的安全状态，设置电子围栏预警。心理数据模型：通过校园App行为数据、课堂表现，识别心理异常学生并预警。网络舆情监控：利用NLP（自然语言处理）技术扫描论坛、社交平台，及

时发现校园霸凌、群体事件苗头。一键报警系统：集成校园 App、智能手环等设备，学生可快速触发报警并同步位置。通过智能化升级，高职院校可将安全管理从被动应对转向主动预防，为师生营造更安全的学习与工作环境。

高职院校行政管理与服务的安全管理，应在信息技术的应用下，重视智能化发展，引入智能设备，重视智能技术的应用，对高职院校行政管理与服务的创新发展有促进作用。

第一，转变高职院校行政管理与服务的智能化发展理念，根据高院校行政管理的需求，对智能技术的实际应用进行优化，将智能技术应用于行政工作中。

第二，引入智能设备，创建综合性智能平台，为后续行政服务的创新发展提供硬件设备支撑。在整合智能资源后，需要引入智能技术人才，对智能设备的日常应用进行维护，并通过智能平台，对行政服务理念、高职院校的发展文化等进行宣传，对提高高职院校的公信力有促进作用。

二、信息化

高职院校安全管理信息化是指通过信息技术手段（如数据平台、物联网设备、移动应用等），整合校园安全资源，优化管理流程，提升安全预警、应急响应和日常监管的效率和精准度。与"智能化"相比，信息化更侧重数据整合与流程数字化，是智能化建设的基础。高职院校安全管理信息化的核心目标：一是数据互联互通，打破部门间信息孤岛，整合教务、学工、后勤、安保等系统数据。二是流程在线化，实现安全巡检、隐患排查、事件上报等流程的线上处理与追踪。三是精准风险预警，基于数据分析识别潜在风险（如设备故障、学生异常行为）。四是快速应急响应，通过信息化工具缩短突发事件处置时间。

信息化发展则是在信息技术应用的视角下，对相关信息资源进行整合，并对相关信息进行拓展。信息技术可以通过互联网、社交媒体等渠道，实现信息的快速传播和获取。大学生可以通过阅读新闻、观看视频、参与讨论等方式，获取到丰富的文化知识，拓宽视野、增长知识。信息技术为大学生提供了互动交流和参与的平台。通过在线讨论、社交媒体互动等方式，大学生可以与同学、老师以及相关领域的专家进行不同话题的交流和讨论，提高学习效果和理解力。信息技术可以通过多媒体、互动、个性化等方式，提升大学生的学习体验和效果。例如，通过视听效果的优化、在线测评和反馈等手段，可以使学生更加主动积极地参与行政服务的讨论中，从而提高信息技术在行政管理与服务中的应用效果。

高职院校安全管理信息化的核心是以数据为中心，通过技术手段实现安全管理流程的标准化、透明化和高效化。其价值不仅在于降低安全事故发生率，更在于为后续智能化升级（如 AI 预测、自动化响应）奠定数据基础，最终构建"预防为主、快速响应"的现代化校园安全体系。

三、可视化

高职院校安全管理可视化是指利用数据可视化技术，将校园安全相关的各类数据（如监控视频、设备状态、人员轨迹、风险隐患）转化为直观的图形、图表或动态地图，帮助管理者快速感知全局、精准定位问题并优化决策。可视化是信息化与智能化的高阶呈现形式，核心目标在于打破数据壁垒、提升管理透明度、实现动态监管。高职院校安全管理可视化通过"让数据说话"，将抽象的安全信息转化为可交互、可决策的视觉语言，是实现校园安全治理现代化的关键一步。其价值不仅在于提升管理效率，更在于通过直观呈现推动全员参与安全管理（如学生自查隐患、教师监督整改），最终构建"人人可见、人人可管"的安全生态。

可视化是校园内部构建信息宣传栏，利用电子版、海报等多种方式，对校园安全、行政服务等进行拓展，通过可视化宣传，提高高职院校行政管理与服务的综合水平。为解决高职院校行政服务中存在的难题，将可视化智慧校园建设中的各类地图和房产数据信息进行结合，根据高职院校的实际情况建立起可视化行政服务地图，为师生和办事人员提供看得见的地图服务。一方面，可视化智慧校园所建立的行政服务地图可直观展现出行政单位所在的楼栋、楼层和房间，点击房间可查看房间的具体信息，并能通过搜索功能直接关联定位到房间所在的位置，省去四处问路、多跑腿的麻烦。另一方面，如出现行政单位的调整和办事流程的变更，管理员还能通过后台管理功能来对相关的信息进行实时的编辑与修改，并可根据房间人员的相关信息和房间数据，智能化地判断房间的超标使用情况，从而实现对房产的精细化管理。

第四节　加强新型安全管理队伍建设

一、明确行政管理与服务信息化队伍定位

现阶段许多高职院校行政管理与服务部门还承担着低水平的维护工作，部门定位不高，许多政策难以执行。这导致行政管理与服务信息化人才无法得到可持续的发展，信息化部门的统筹、引领作用无法施展。因此，要明确管理部门在全校行政管理与服务信息化工作中的引导地位，推进此制度的执行，统筹全校行政管理与服务信息化工作。

二、创新用人模式

高职院校行政管理与服务信息化人员在做好全校行政管理与服务信息化的规划、组织、实施之外，还需要对高职院校行政管理与服务信息化的软硬件资源进行运维管理，其服务范围广、工作量大，因此要引入更多的行政管理与服务信息化人才，加强行政管理与服务信息化团队建设。与此同时还要积极进行用人模式的创新实践，实行专职与兼职相结合模式，再通过购买服务等形

式吸引社会更多地参与到管理中来，真正实现高职院校行政管理与服务信息化的多元治理。

三、完善分类评价考核体系

近年来，国家出台多项高等教育职称改革文件，坚决克服"唯学历、唯资历、唯'帽子'、唯论文、唯项目"的评价倾向，落实分类评价体系已成高职院校评价考核体系的关键。行政管理与服务信息化人才评价体系应充分考虑岗位特殊性，建立涵盖服务满意度、工作业绩、专业水平等多维度的考核指标，变定性评价、静态评价为定量评价、动态评价，更好地激活行政管理与服务信息化队伍内部竞争，更好地提供优质服务，更好地体现行政管理与服务信息化工作对高职院校治理的价值和贡献。

四、推进薪酬制度改革

现阶段，我国各地相继出台了人才引进的优惠政策，人才竞争愈发激烈。行政管理与服务信息化人才作为兼顾管理与技术的复合型人才更是为市场所追捧，而高职院校人才选录大多采用"一刀切"式的待遇，与市场差距太大。因此，只有通过薪酬体系的改革和创新人才激励机制，才可能留住高端人才，并吸引更多人才流入。此外，还要给予专业人才相应的待遇倾斜，以此吸引更多"管理＋技术"的复合型人才。很多高职院校一直忽视师生的网络安全培训工作，高职院校学生从进入高职院校到毕业几乎没有接受过网络安全方面的教育，导致其缺乏网络安全常识和意识。伯克利分校在这方面的有些做法很值得我们借鉴，伯克利分校每年会对刚入学的新生进行网络安全培训，以增强学生的网络安全意识，使学生在以后的工作学习中更加规范、合理、高效地使用网络。高职院校需重视对广大师生的网络安全培训工作，增强师生的网络安全常识和意识，促进广大师生遵守网络安全行为规范和条例，合理有效地利用网络，并且了解如何防止不安全信息的侵入，做好日常的网络安全维护工作，让师生更安全、更放心、更有责任地上网。著名的海恩法则指出两点：一是事故的发生是量的积累的结果；二是再好的技术，再完美的规章，在实际操作层面，也无法取代人自身的素质和责任心。信息安全管理归根结底是人的管理，人在信息安全管理活动过程中处于关键地位。因此，加强信息安全管理队伍的建设显得至关重要。

五、配齐配强信息安全管理人员

配齐配强信息安全管理人员是信息安全管理的重要环节。目前，高职院校信息安全管理专门部门配备人员少，工作任务重、内容多、服务对象多，急需再增配部门工作人员。从工作人员的专业化水平来看，有些工作人员非网络工程或计算机技术等信息安全相关专业科班出身，人员业务素质需要得到进一步提升。随着高职院校的发展，广大师生对于高职院校信息化的需求越来越高，目前工作人员数量显然满足不了需求。高职院校的信息安全不仅仅是信息安全管理部门的事情，还涉及保卫部、学工部、新闻中心等，因此，从经济、管理的角度来考虑，信息安全管理部门可以抽调以上部门人员，并进行专业培训，要求这些人员进行充分的协助，一方面这些人员的运用可以很好地提升各部分的信息安全管理水平，另一方面也可以提升他们的信息安全意识。另外，高职院校设置的本科专业中有许多与信息安全相关的专业，如信息工程、网络工程等，拥有一批未来的信息安全人才。高职院校可以通过选拔这些专业的优秀学生充实到信息安全管理部门，他们可以协助专业人员开展一些服务的工作，如提供学生个人使用高职院校网的维护工作。这样既能在一定程度上解决人手短缺的问题，同时也能使学生所学专业知识付诸实践，锻炼动手能力。提升信息安全管理队伍专业水平，不断提升业务水平、提升信息安全管理能力是加强信息安全管理队伍人员培训的主要目标，加强培训是提升信息安全管理队伍专业水平的重要手段。当今信息技术发展日新月异，高职院校信息化建设发展速度快，基于这种背景下，给高职院校信息安全管理提出了严峻的挑战，也对信息安全管理人员提出了更高的要求。

高职院校信息安全管理部门工作人员"科班"出身少，部分人员在业务能力上还有所欠缺，具体可采取如下策略：一是可以在校内开展业务培训，以老带新，以强带弱，提升业务整体水平。二是可以选派人员参加全国、省内的培训会议，开展同类院校信息安全管理部门人员交流，充分借鉴其他院校的先进管理经验，进一步丰富本校信息安全管理内容，强化这支队伍的业务素质。三是可以充分发挥专业教师的作用，高职院校开设了网络工程、信息工程、信息管理与信息系统、计算机技术与科学等与信息安全相关的专业，这些专业的任课教师就是在信息安全领域具有较高水平，可以充分发挥他们的作用，协助信息安全管理部门人员的业务能力提升。四是将信息安全管理列为校级科研课题的重要内容。通过积极鼓励信息安全管理人员申报高职院校信息安全管理领域的研究课题的方式，提升这支队伍的整体专业水平，同时也营造一个研究信息安全管理的良好氛围。

六、加强信息安全管理队伍的管理

人才是信息安全管理的决定因素，因此要充分重视人的作用。高职院校在目前人员配备不足的情况下，要通过加强对信息安全管理队伍的管理来弥补不足。制度的落实、方案的实施都需要这支队伍。从某种程度上说，这支队伍业务上精不精、是否能充分发挥作用，直接关系到信息安全管理的成败。

第一，要分清职责，明确责任。建立信息安全管理责任制，层层落实，坚持"责任到人、落实到人"的原则，一方面可以保证人员对于信息安全管理相关工作的落实，避免出现相互推诿、相互推脱的现象；另一方面可以从思维层面强化信息安全管理人员信息安全的意识，增强人员的责任感。

第二，要建立配套的奖励机制，充分调动人员的积极性。处罚是一种负面的激励方式，在激发人员的积极性方面应该充分考虑奖励的作用。有错就有罚，有贡献就应该要有相应的奖励。高职院校应该建立一套完善的奖励机制，进一步激发信息安全管理人员工作的热情，激发工作的积极性以及开展工作的主动性。

第三，要建立适当的部门内部控制机制。信息安全管理人员的岗位设置、职责权限、工作范围等方面应该充分考虑部门内部控制的因素。它可以通过采取不定期轮岗等方式来实现。通过建立内部控制制度可以使信息安全管理部门人员达到相互制约、相互牵制的平衡状态，进而在一定程度上防止信息的外泄。第四，要开展不定期工作检查，以检查的方式检验队伍的管理水平及专业水平。开展校内信息安全管理的自查工作是重要的。通过开展专项检查，一方面可以检查信息安全管理的各项措施是否得到了贯彻和落实；另一方面可以增强管理人员的责任感，检验这支队伍的管理水平、专业水平、服务能力。同时通过开展专项检查能够检验高职院校信息安全管理的整体水平，及时发现在信息安全管理方面存在的一些不足或者潜在的安全风险，为下一步提升整个高职院校的信息安全防护能力策略的制定提供一定的依据。

第五节　实现网络监管实时监督与预警

一、加强网络安全管理制度建设

加州大学伯克利分校为了更好地维护高职院校网络安全，设置了安全保密部，负责高职院校日常的网络信息安全维护及相关安全制度的制定。目前我省高职院校的网络安全主要是由网络中心负责，根据对调查结果的分析，发现高职院校网络安全制度建设仍不完善，因此，我省高职院校应该建立统一的网络安全监管部门，指定特定的负责人，负责维护高职院校日常的网络安全工作及网络管理制度的制定工作，实现网络安全管理有章可循。通常网络安全管理制度包括学生宿舍网络信息管理条例、校园网管理条例、网络行为规范、违反规范的处罚条例等。网络安全监管部门还应该及时将最新的病毒信息公告学生，将常用的杀毒软件、防火墙等安全软件通过网络向学生开放、供学生下载。

1. 健全组织架构，明确责任分工

高职院校应成立网络安全领导小组，由校领导牵头，信息化部门、教务处、学生处、保卫处等组成，统筹全校网络安全工作。设立专职岗位，配置网络安全管理员，负责日常监测、漏洞修复、日志审计等专业技术工作。建立网络安全责任追究制度，将网络安全纳入部门绩效考核。

2. 完善制度规范，构建管理体系

应制定《校园网络安全管理条例》《数据安全管理办法》等核心制度，明确网络使用规范、违规行为处罚措施。对师生个人信息、教学数据等实施分类分级保护，落实数据加密与备份。定期开展网络安全合规性审查，确保制度落地执行。

3. 强化技术防护，筑牢安全防线

做好基础设施防护，部署下一代防火墙、入侵检测系统及Web应用防火墙。做好终端安全管理，安装统一杀毒软件，强制更新补丁，禁用非授权外接设备。定期开展安全评估，及时修复高风险问题。

4. 建立应急响应机制，降低风险影响

制定应急预案，明确网络攻击、数据泄露、系统瘫痪等场景的处置流程，细化报告、隔离、溯源、恢复步骤。定期演练与复盘，事件处理后召开总结会，优化应急预案。

5. 加强外部协作，整合资源力量

政校企联动，对接教育主管部门，及时获取安全预警与政策指导。与网络安全企业合作，引入威胁情报共享平台。建立互助联盟，与区域内高职院校组建网络安全联盟，共享防护经验与解决方案。

6. 监督与持续改进

做好常态化检查，每季度抽查各部门网络安全制度执行情况，重点检查弱密码、违规外联等风险点。对实验室、机房等高风险区域进行物理安全巡查。

引入第三方评估，定期聘请专业机构对网络安全体系进行合规性评估。

二、定期搞好网络安全评估

定期开展网络安全评估已成为高职院校现代化治理的必备环节，不仅关乎技术安全，更是院校可持续发展的重要保障。实现高职院校行政管理与服务网络安全，必须做好预防工作，防治相结合才是维护网络安全的最好办法。所谓预防是指高职院校平时必须定期对高职院校网设施的安全状况进行风险评估，及时对存在问题和将要出现问题的部分进行维护，将网络危机出现的几率控制在最低。在日常的网络管理过程中，须严格使用监控软件、防火墙、防病毒软件，对网络做好入侵检测工作和防止病毒攻击工作，还需建立相应的存储安全系统，对高职院校网数据做好管理和备份工作，以防在网络出现危机时，对系统进行恢复，减小网络安全问题的影响。高职院校网络安全机构，必须制定较全面的网络安全事件应急预案和灾难恢复计划，这样在高职院校网络安全受到严重危害时，不至于慌乱，按照预先设置好的方案迅速处理。高职院校网络的维护工作不是一朝一夕的事情，必须做好网络评估工作，严格日常管理，及时做好备份工作，并制定详细的应急方案，保证高职院校信息化工作的正常开展。具体可体现在以下方面：

一是网络设备的定期安全评估。应定期通过远程监控系统的网络设备的运行状态及各种性能指标实时监控；应定期对网络设备配置信息进行安全检查，对发现的网络设备配置文件中存在的安全脆弱性进行及时的分析与修补；应定期对网络设备版本信息进行检查，对低版本或存在安全漏洞的系统版本进行安全分析和相应的更新。

二是安全隔离与访问控制安全评估。学校内部网络与互联网连接须通过防火墙等安全防护设备进行隔离与控制。应在学校高安全网络区域边界部署安全防护设施（如防火墙），并根据业务访问需求进行访问控制，防止非授权访问行为的发生。

三是备份与恢复管理安全评估。应对网络设备的重要数据（网络设备的配置文件和安全设备的安全策略配置文件等）定期进行备份。

四是安全事件管理评估。学校网络应部署安全运维监控系统，对网络系统中所发生的网络安全事件进行监控和预警，定期对网络系统进行漏洞扫描，对发现的网络系统安全漏洞进行及时的修补。对于日常发生的网络安全事件，应按照学校的事件处理流程处理。

三、加强行政管理与服务信息化安全管理

高职院校网络信息安全涉及技术和管理等多个方面的问题，决定了行政管理与服务信息化的成败。相比较网络信息安全技术

的不断进步，现阶段网络信息安全管理的问题逐渐凸显，越发被社会所关注。目前，我国高职院校网络和信息系统的信息安全上存在的缺陷主要来源于四个方面：一是管理和安全体系不够完善，没有覆盖行政管理与服务信息化的全过程周期，制度不够科学、规范。二是行政管理与服务信息化中多方参与机制没有形成，主动参与度不高，没有形成统一的共识。三是缺少有效的管理监督机制，对行政管理与服务信息化中安全管理的职责不明确，监督不到位。四是行政管理与服务信息化中各参与者网络信息安全意识缺乏。

首先，对各信息系统和网站实行全周期闭环管理，主要涉及网络安全准入、网络安全评估、日常网络安全检查、年度安全审计等方面，避免因关键环节遗漏造成网络信息安全事件。

其次，构建科学合理的监督防范机制。落实网络信息安全责任，创新网络信息安全监督方式，通过网络安全运维管理平台等形式实现实时、透明、有效监督，避免因管理人员疏忽导致网络信息安全事件。

再次，加强网络信息安全宣传和培训。采用丰富多样的培训方式提高行政管理与服务信息化建设中各参与者的网络安全意识和素质，促使决策层、管理人员、广大师生达成"网络安全为人民，网络安全靠人民"的新共识，实现共建共治的新局面，为网络安全管理奠定基础。

随着高职院校行政管理与服务信息化的不断深入，高职院校网站和信息系统也越来越多，网络信息安全威胁也随之而来。为应对当下复杂的形势，高职院校还应做好全面有针对性的安全检查，特别是针对建设时间较早的遗漏网站和系统，及时处理僵尸系统。同时做好各系统容灾备份工作，对数据、应用、业务建立不同的容灾机制，通过远程镜像技术、快照技术、备份一体机等实现有效备份，降低高职院校发生网络安全事件造成的损失。通过上述分析不难看出，高职院校信息安全防护是一项长远的系统工程。病毒、木马的高发性、变异性决定了高职院校需要不断优化自身网络安全防护机制。高职院校必须增强各参与者的网络安全意识，努力形成共识，同时通过创新监督方式，有效监督安全管理运行，实施全周期闭环管理、分类管理，有针对性地对重点环节、重点系统进行监控，这样才能形成一种共建共治共同防护网络安全的新局面。

第六章

后勤管理与服务信息化

第一节　完善后勤管理信息系统

一、后勤管理信息系统的发展目标

当前高职院校消费信息化的具体表现形式为高职院校卡一卡通，很多功能都集成于这张卡中，其使用范围相当广泛，例如，身份认证管理功能（包括身份识别、门禁考勤、图书借阅、校内机房上网等）、小额消费功能即电子钱包功能，包括餐饮、超市、洗浴热水、打水、出行（乘坐班车）等日常活动中的消费等。例如，商贸管理系统，包括供应商和商品管理两部分。操作人员在维护与管理中，可以查看、增加、删除、打印相关信息。而商品管理可随时查看商品的销售情况，也可以根据特定的条件，如某时间段、品牌等，随时查看特定商品的销售情况；也可以根据不同的条件对商品进行分类汇总。当前后勤使用的是一个非常传统的商贸管理系统，其主要实现了商品的管理和商品来源的管理，能满足商贸管理过程中的基本需求。但是对于销售情况的分析只是按照类别进行汇总，且分类数据都是以表格的形式进行展示。我们都知道，高职院校超市每天的人流量达上万次，每天的销售量大，这必然会产生大量的销售数据。对于超市决策者来说，需要查看每个产品在某段时间的销售量、销售额以对未来的销售做出决策。就目前的系统来说，决策者要想拿到他想要的数据，要翻看大量的销售记录，而且查看时，操作繁琐，结果也未必是个准确值。另外如果想实时查看销售的统计数据，对统计者来说必然是一个巨大的工程。

二、后勤管理信息系统的内容

（一）学生公寓行政管理与服务信息化

公寓管理系统主要是对高职院校住宿学生及住校教师的住宿进行管理。其功能有：系统管理、学生住宿管理、基础管理、文明宿舍管理、统计管理、日常管理等。目前高职院校通过引进学生公寓管理系统、门禁系统和智能售电系统，基本实现学生公寓床位信息动态实时管理，及时准确掌握每间宿舍入住学生的基本信息和住宿费的缴纳情况，智能售电实现了先交费再用电的管理模式，减轻了宿舍管理人员收缴电费的工作量，培养学生良好的用电习惯，可以有效减少和避免公寓中使用违章电器（系统可以实时监控每间宿舍的用电情况，并根据电流的大小随时切断电源）。新生可以通过该系统登录后，根据自愿原则，自行采购床上用品，并进行登记；物业管理人员通过系统就能直接知晓哪些同学自带用品，哪些同学要在高职院校购买，这样在准备过程中根据实际人数进行巧购，避免了退换带来的不便。

（二）文件及人事行政管理与服务信息化

1. OA办公系统

高职院校内部的文件目前都已通过内部的 OA 管理系统实现了发布、归档整理和查阅功能。由于后勤人员流动性较大，系统根据实际的流动情况做出相应信息的及时和准确变更，确保库内人员信息的准确性；系统实现人事信息的分级管理，可根据事先设置的权限进行相应的操作；同时该系统也能通过信息查询和统计等功能，及时准确地了解高职院校目前人员的年龄结构、学历情况等信息，并予以统计和分析。

该 OA 系统基本实现了 OA 办公需要的所有功能，但是仍然有些不足之处，例如日程安排只能通过日常检索、代办事宜等选项进行查看，也就是说如果用户需要经常查看自己的日程安排，这样给用户造成了极大的不便。

2. 人力资源管理系统

该系统主要包括四个主要功能：信息管理、查询与统计、调配业务及报表调用。人力资源管理软件包括的功能非常少，其中只涉及了人员的管理、审核等内容。没有对人事工资、职位升迁等功能进行管理的功能，而且没有对员工进行日常培训及奖罚管理。该管理软件的功能简单，孤立，对员工的管理过于传统，不能有效调动职工对工作的积极性和主动性，也不能为管理者提供有价值的信息。

（三）服务工作的信息化

目前根据方便师生的原则，推出了网上报修服务，师生只需在网上填写相关的报修信息，维修人员就能根据以上信息及时上门维修，保证了维修的及时性和便利性。同时，高职院校可在网上开通回音壁的功能，师生对信息技术在服务过程中存在的问题及建议都能通过这里进行反映，高职院校也有专人进行处理和回复，从而有效地提高服务水平。回音壁功能是非常具有特色的功能模块，是后勤与学生沟通的窗口，学生通过这个窗口可以表达对后勤服务的满意或不满，而后勤人员也可以通过这里了解学生的心声，通过筛选调查可以看出当前后勤服务的质量，并有助于决策者对后勤服务的未来做出精准的判断。但是回音壁作为独立的一个功能模块，没有与其他系统相连，这样就大大降低了这部分有效数据的利用价值。

另外随着移动互联网技术的迅猛发展，微信已成为每个人日常生活离不开的手机应用，微信在高职院校的覆盖程度已超过90%。因此微信公众号在移动化后勤服务中将扮演越来越重要的角色。微信公众平台已经在各高职院校后勤掀起了一股以服务师生为准则的移动互联网后勤服务改造风暴。通过微信公众号平台，学生可以报修、订餐、缴纳水电费、查询班车路线等日常服务。高职院校后勤信息化主要是自主研发的管理系统和信息化平台，依靠自身技术力量，研发出多套管理应用软件平台。大致可分为三大类；一是高职院校办学资源的共享公用类别的平台；二是高职院校运行管理类别的平台；三是服务监督评价类别的平台。

人力资源管理系统专门针对高职院校服务工作多、数据繁杂、员工数量大、任务重、管理难的特点而设计的。它不但能够与高职院校工作的日常流程环环相扣，进行科学化的管理，还体现了许多人性化的特征。整套软件从管理者的角度出发，遵循现代管理理论，实现了设置、岗位编制、岗位待遇参数设置、工薪模式建立与选择、员工考勤、考评、薪金申报审批等科学管理理念和人力资源管理程式。员工与管理者的工作信息上通下达、在工作考核上出勤刷卡、出勤考评，劳动工薪分配按照考核结果和选定的薪金模型自动核算，帮助管理者采用操作性强的评价思路与方法，实现有效的员工考核和工薪管理。

餐饮管理平台实现从原料购入、开支情况到消费数据及统计的整个流程管理。原料采购部将每天采购的原料名称、单价、数量等录入系统，库房管理系统则根据系统已设定的库存限额、原料保质期随时提醒库管人员超限额和即将过期的原料，且记录当日用电、用水、用气、原料使用量，以及当日维修及计划以外的各种开支情况，系统则会根据原料采购供应情况和售饭系统统计的餐卡消费收入计算出当日的盈亏情况；同时系统会根据单个菜品的原料解析以及各种原料的当前出库价格计算出菜品的当前成本价格，并以醒目方式提醒食堂当前销售菜价的情况：过高、过低或价位适当，监督学生食堂的饭菜价格。

餐饮服务监督平台将餐饮消费者（师生），餐饮经营者（各类餐饮管理人员、厨师、服务员、库管），各级监督管理人员（餐厅管理人员、高职院校相关领导）等全面协同互动，全面收集各方面的意见及建议，共建高水平的餐饮服务。系统全面提供了消费水平分析、消费结构分析、消费统计、餐饮监督评价、品牌菜推荐、赞扬投诉、收入统计菜价查询、餐厅员工工资计算等。

学生公寓信息管理平台利用现有的高职院校网络资源对学生公寓进行统一多角色管理，规范高职院校公寓管理；让管理方通过系统能够直观、真实地掌握到全校学生公寓的使用状况。高职院校国资处：主要负责管理学生公寓基本信息，通过系统可真实、直观地掌握到当前学生公寓使用情况；高职院校通过系统可对学生公寓住宿、内部资产进行管理；也可以通过系统根据高职院校的安排按照院系进行划定分配区域，完成公寓住宿信息日常维护和查询；院系主要负责学生信息、住宿信息的审核和查询。共享数据必须通过数据交换中间件来完成，系统所用到的共享数据都是来自不同的信息管理系统。另外高职院校还有通勤车管理平台、服务申报平台、教学资源共享平台、教育实验共享平台等相关服务型系统，为后续的信息管理以及数据服务等提供技术保障。

第二节　建立后勤门户，实现信息集成服务

　　高职院校后勤信息化的实施不仅能提高后勤管理人员对后勤管理的质量，也能更好地服务于全校师生。后勤信息化的意义主要体现在以下几个方面：

　　降低后勤工作人员的劳动强度，采用计算机技术建立相关的系统来处理后勤中那些繁琐、重复的简单体力劳动，这样不仅可以降低职工的工作强度，也可增加脑力劳动的时间，从而更加有效地为高职院校服务。有利于增强高职院校后勤的核心竞争力，只有与时俱进，加大信息化的覆盖面积，才能更好地为师生服务，也更能适应日益激烈的市场竞争，从而实现更有序化的管理、更规范的操作及更加标准的处理流程。降低成本，例如，物流系统的全面运作可以有效降低高职院校的库存，节约生产和加工过程中使用的各种材料，有效降低生产成本；缩短高职院校后勤高职院校为师生的服务时间和提高师生的客户满意度和信任度，并能及时获取师生的需求。

　　加速资金流动，后勤信息化可以加速资金流在后勤内部和高职院校后勤间的流动速率，提高资金的利用率；加速信息流在后勤内部和高职院校后勤间的流动，实现后勤种类信息的有效整合和利用，体现了高职院校的现代化程度和办学实力。高职院校职

能主要包括两大部分的内容，一是高职院校教育，另一个就是高职院校后勤，高职院校后勤是高职院校教育发展的支撑与保障。信息化是体现组织或单位现代化程度的一个重要方面。只有不断地减少无谓的体力劳动，提高脑力劳动的工作时间，才能更好地发挥后勤的功能，也才能更好地为师生服务。而信息化不仅只是口头上说说那么简单，还需要大量资金的投入，因为后勤掌管的职能有很多，比如，师生的日常消费、住宿、饮食、高职院校绿化、校车等各个方面，每个职能的管理都需要一个专门的信息化软件进行相应的管理，而信息化软件及使用需要相关的技术人才进行开发及管理，需要大量的资金投入，因此后勤的信息化程度从某个侧面也体现出该高职院校的办学实力。

实现了后勤管理的科学化和精细化。后勤信息化建设是将信息化与管理机制进行有机结合，从而转变了工作理念，组织结构更加扁平化，减少了管理上的中间层，强化了管理层和执行层，使得管理行为更加规范、协调，体现了决策的民主性和透明性；另外信息化系统整合了各类信息，如师生信息、宿舍分布、消费信息等，通过信息的集成，实现了师生信息在住宿及餐饮领域的共享，从而使得后勤管理更加科学、更加精细，提高了工作效率。后勤信息化建设是将后勤需要处理的各项事务及其管理分别集成到一个独立的系统，从而减少繁杂的体力劳动，提高后勤职工的工作积极性，更好地为高职院校师生服务。

一、设立统一的总体规划

后勤门户集成建设是一项复杂系统的工程，涉及各种信息技术的应用，同时也涉及组织结构和业务流程的重组和再造。因此高职院校应设立一个总体规划：

第一，要遵循"整体规划、分步实施、有先有后、先易后难"的原则，逐步推进。

第二，要注重内部管理与智能服务的有机结合，做到彼此促进，服务项目成熟一项推出一项。

第三，各个子系统开发过程中要做到统一身份认证、单点登录、数据共享、接口开放等。

后勤门户集成建设的总体框架为"智能服务，两大平台"，即高职院校网上智能服务，高职院校服务监督考核平台和高职院校内部管理平台。网上智能服务是指通过各类应用服务系统，为师生提供网上点订餐、网上结算、网上报修、信息查询、网上定制服务等高效、便捷的生活服务。高职院校内部管理平台用来实现对高职院校日常管理的统一规划、运行，其主要包括后勤办公、人事、资产、餐饮、公寓、物流仓储、水电管理等应用，为高职院校运行提供服务支撑。高职院校服务监督考核平台，是集建言献策、受理回复、督促提醒、落实回访及内部考核为一体的系统平台，且所有功能都能实现桌面电脑 PC、微信及移动 App 等方式的运营。

二、信息化建设规划

高职院校以"统一规划、分步实施"为原则，先抓重点、由易到难、逐步推广、发掘潜能。既可以保证信息化推进成效，又可以避免投入资金的风险。通过两期建设，初步完成后勤信息化建设，一期主要构建信息化系统的框架，解决师生最基本、迫切的服务需求，满足后勤管理需要。二期主要在一期的基础上根据师生及管理的需求发展，进一步完善和开发各类系统。一期的建设规划及内容：首先，对高职院校目前正在使用的系统，进行有效的评估，根据评估的结果，做出存废判断或改进的方案；其次，根据规划完善已有的功能模块。二期建设主要内容包括车辆调度系统、商品管理系统。车辆调度系统实现高职院校班车、公务车的调度管理、实现班车的实时定位查询，对外提供网上班车等服务，对内提供驾驶员的考核管理；商品管理系统实现高职院校超市商品管理，提供网上办公用品订购等服务。

三、实施规划

目前最主流的实施模式有三种：第一，完全自主开发，完全由高职院校通过招聘等形式引进多名具有软件开发经验的技术人员，进行完全的自主研发。第二，与成熟软件高职院校或信息化团队合作，高职院校技术人员全程参与整个系统开发的进程，掌握系统的核心内容。第三，整体引进，通过成品的购买，直接整套引进。根据高职院校现状，我们将采用第二套方案实施。因为软件开发有周期性，在详细设计等前期的开发阶段需要大量人力投入，而真正进入使用阶段后，人力的需求大量地减少，只需要改进及维护的人员，因此从人力成本方面考虑，后期及正常使用阶段就会产生大量浪费。同时也要考虑到软件开发并不是一步到位的，随着需求的变化，系统也要不断地改进和完善，那么高职院校化需要有掌握系统主要核心内容和相关的技术人员。

四、推进系统联网，实现系统间的数据共享

首先要建立基础数据中台，我们可以借鉴高职院校的数据中台构建方式，导入有关学生、教工及相关硬件的基本数据。根据实际情况，设置登录系统和用户信息，并且对不同的人员进行权限分配，保证管理井然有序。建立完整的单点登录系统，支持各业务系统独立创建用户。建立综合性的信息发布和查询平台，将分散的、孤立的各个子系统信息数据共享，并能根据输入的条件进行查询处理。将日常办公管理、财务管理、学生公寓管理、门禁系统、固定资产管理、人力资源管理、物流管理以及后续的水电管理、仓库管理等系统中的管理数据，如收费情况、人员情况、学生公寓住宿情况以及所有资源信息进行共享和组合查询等功能。通过各个高职院校后勤信息化建设分析，完善高职院校后勤信息化管理平台，充分利用数据库强大的数据统计、整合和分析功能，将分散的、孤立的信息汇总处理；建立内外网分离，同时实现内网和外网两个建设工程，提升后勤管理的效能。对管辖内的资金使用情况、收益情况、资产情况、人员管理及调动情况、绩效考核、监督情况及资源共享和各类信息进行统计查询管理等功能以达到降低整体运行成本，有效规避运营风险，使资源得到重组，创造效益最大化，使后勤管理真正成为统一体。另外还需要与校行政处和信息化办公室学生数据接口和网络硬件做好相关沟通协调工作。

第三节　构建服务保障体系

一、加强信息化人才建设

人才是重要生产力，对于高职院校后勤这样一个服务对象层次较高的组织更是如此。目前后勤信息化建设的专业人才严重缺乏，信息化的人才储备不足，各级单位的管理和维护人员也明显不足。只有加强引入专业化人才，才能为进一步推进后勤信息化建设提供有力的人力资源支撑。当前专业人才的缺乏已成为制约高职院校后勤信息化建设水平提高的重要因素。一方面，社会上从事软件行业的人员工资水平普遍较高，但高职院校后勤的工资福利水平偏低，加之很多人对后勤工作存在偏见，导致高职院校后勤很难吸引高水平的专业信息化技术人才，信息化平台缺乏专人维护完善，一旦出现问题就需要外出找人，费用较高，不利于后勤信息化建设的长远发展；另一方面，后勤老员工较多，对网络、计算机等高科技产品和相应的信息处理系统的使用并不熟练，导致信息化平台的应用缺乏充足的人力资源支撑。招聘一批懂管理、善经营的后勤管理人员，并由他们带领一批具有较高服务意识和竞争意识的服务人员，对高职院校后勤信息化进程具有推动作用。

　　尝试性地对部分架构较简单的系统进行数据共享的程序开发，积累实际开发经验。高职院校是人才聚集的地方，利用该优势，召集一批相关开发人才，对当前后勤进行实际调查，挖掘潜在的需求，从而开发并完善当前后勤信息化系统。为使操作者迅速掌握使用数字后勤管理软件所需知识技能，可由经验丰富的培训讲师主持。同时配合详细的系统使用说明书，帮助使用者更加全面地掌握当前系统的功能。培训过程中我们将对培训讲师培训效果进行问卷式反馈，同时对参加培训学员进行考核。

　　加强高职院校行政管理与服务管理和操作人员的技术培训，使员工熟知信息化平台使用的基本功能，并鼓励其逐渐摆脱传统的管理方式而使用新技术和新设备，从而切实发挥信息化的资源优势。采用走出去和请进来的方式定期开展计算机和网络维护技术培训，开展计算机基础知识和系统操作培训。

　　高层培训。为领导决策层化及管理骨干设立。主要内容是介绍实施系统的基本功能，查询统计。同时，使管理者和管理骨干掌握平台使用技巧等操作培训。

　　应用培训。管理系统上线后，由开发方派出专门的运维人员对操作者提供线上培训，确保相关的操作者对其所掌管的功能模块能够熟练使用。

　　专业培训。由于后勤工作的性质，大多数后勤工作人员的文化程度普遍偏低，因此要按期对工作人员进行培训，提高其信息化观念，了解信息化管理的优势，从而提高其使用信息化系统的覆盖率。项目实施完成后，对后勤指定的系统管理员提供全面培训，使之成为真正的系统管理员，基本可以应对一线人员基本操作培训指导和权限分配工作，同时，对简单问题可以进行排查与数据维护工作。

二、引入现代高职院校管理制度

目前从其管理模式来看，大部分高职院校的后勤管理重技术、轻管理，一味地追求技术带来的革新，忽略管理理念的革新，制约了后勤物业的可持续发展。如何建立一套现代后勤信息化管理系统，提高后勤工作人员的工作积极性已成为后勤发展的重要方面。校企分离实施得不到位，在高职院校后勤社会化改革中实施得不够彻底，没有将后勤的决定权真正地交出来，在后勤管理中还存在着校方安设后勤高职院校经营事宜、人员安排等问题，而后勤经营又过多依赖校方的补贴，没有自己独立的运行规章制度，容易造成混乱的局面。这就在一定程度上使高职院校后勤的信息化管理建设停滞，也使信息化高职院校便捷的服务功能没有更好地被认识和体现出来。

三、树立精细化管理的理念

适时将精细化管理理念融入计算机技术和互联网通信技术的产品，精细化划分各级后勤职能部门职责；精细化核算服务费用，并通过网络公示；精细化后勤物业管理业务流程，降低成本、提高效率，在多个层面提升后勤管理水平，提高后勤物业的经济效益和社会效益。后勤工作一直是高职院校管理中的重要内容，细节琐碎繁琐，事务众多，服务不到位还容易引起学生的不满及投诉，甚至出现一些过激行为。信息化管理，一方面可提高工作效率，另一方面还可以避免一些具体细节中遗留的后患。

四、建立组织机构

后勤信息化建设是长期、全面的系统工程，需要高职院校领导的重视全体员工的智慧，为稳健推进后勤信息化建设，建议成立后勤门户集成建设领导小组，负责宏观规划、审定总体方案和建设计划。设立后勤信息化办公室，由 2—3 名专业人员组成，主要负责各项目的实施、推进、开发和日常的维护工作。信息化工作小组由高职院校行政管理与服务办公室组织高职院校各相关人员构成，做好各相关子项目的详细需求及发展方向的制定工作。

五、建立健全信息化管理制度

后勤信息化管理拥有传统方式无法比拟的优势，因此建立健全信息化管理制度是非常必要的。传统的后勤物业管理存在上班服务、下班中止的弊端，而数字化管理系统可以提供 24 小时网络服务，能够提高服务响应速度，提升师生对后勤服务的满意度；传统的后勤管理存在员工积极性不高、无人监管、无考核激励制度等问题，后勤信息化管理系统具有信息采集、存储、统计、分析功能，能够直观显示服务人员的工作量，为绩效考核和领导决策提供有利依据，提高员工积极性；后勤信息化管理系统强调"七分管理，三分技术"，要求管理流程的标准化、规范化、精细化。

六、加大信息化建设投入

由于目前高职院校后勤各个职能部门所使用的管理系统出自不同来源，外部购买的系统也出自不同软件公司，因此整合这些管理系统不仅存在技术上的问题，而且若想对当前系统进行有效整合，实现资源共享，还需要大量资金的投入。例如，数据库技术，后勤系统开始引入是在 1996 年，当时的数据库的容量非常小，但是目前在数据处理方面，需要对数据库进行升级改造，其投入金额将非常大。而在经费核定过程中，由于经费额度有限，而作为高职院校决策者来说，教育放在第一位，这样就会在核定中不断压缩或取消后勤方面的经费预算，导致许多高职院校在核定教育经费的过程中选择了压缩或取消该项目的预算，进而导致后勤信息化建设在整个高职院校信息化过程中相对滞后。如果信息化建设投入过少，很难吸引人才或公司对现有的后勤管理软件进行改善、升级，从而导致服务经营的档次提高不上去，进而影响整个后勤的信息化发展进度。

七、信息维护安全

在互联网时代，除了确保管理软件的正常运转外，还要加大信息安全方面的管理，以避免教职工信息、财务信息等各方面信息的泄露。未来将成立由专兼职人员组成的网络维护和技术开发小组，致力于高职院校综合信息平台的网络安全维护，保障高职院校网络并结合各使用部门实际需求编写一些应用程序，对系统架构、数据库结构不同的系统之间的数据共享进行程序开发，以实现不同系统的数据共享。

第四节　整合全局业务系统，实现数字后勤

为更好地服务高职院校中的每一个人，借鉴高校在移动端方面的成熟技术及高职院校在数据共享等领域的优势，对后勤信息化进行优化并完善。根据高职院校数字化的整体规划和实际需求逐步引进部分信息管理系统，在引进过程中，充分考虑全局业务的实际需求和高职院校信息系统整体规划。优化后的系统不仅操作简便，而且对维护人员要求不高。同时提高界面的友好性，降低用户在使用和维护过程中的难度。为高职院校建立、健全对外宣传和服务的网站，把后勤实体的"食、住、行、水、电"等各项相关服务融入后勤入户网站中，实现服务控制的电子化，重点解决网站信息发布、信息查询、网上报修、服务监督、意见反馈等功能。高职院校门户网站将是校内师生员工及其他客户了解后勤和寻求高职院校服务的唯一入口，囊括所有后勤服务功能，最终形成"一站式服务"体系，以提高高职院校的竞争力。

一、商贸管理系统

我们可以引入大数据概念，将商贸服务过程中产生的大数据

进行分类处理，并以图形化的样式展示给用户，这样不仅清晰而且可以及时对当前市场的反应做出回应。例如，后勤有关人员可根据后勤最近一段时间的销售情况，及时做出反馈，对销售量较大的产品多提供进货，对销售量少的产品给予适当的减少。

二、学生公寓管理系统

对现有公寓管理系统实际使用效果进行分析，提出系统的改进方案，满足实际工作的需要，为公寓操作及管理等提供便利条件。在对学生公寓管理系统进行优化中，应提高相关学生个人信息的私密性，以此提高行政管理服务的综合水平。在对学生的公寓服务进行快速管理中，可通过数字技术的应用，对学生的住宿信息、基本信息以及宿舍信息、班级信息等进行分类，并在操作权限控制下，提高公寓管理的综合水平。从学生端的角度，由于学生的基数比较大，所以，学生可以自己录入个人信息、专业及班级信息，在将个人信息上传到公寓管理系统后，可通过公寓管理系统的后台，对学生与住宿房间进行匹配，从而提高公寓服务管理的综合水平。

在学生共育管理系统中，可在后台数据分析与数字处理下，通过选择所分宿舍位置，即可实现快速分房，解决了老师分房难、分房烦的问题。对于不能参加批量分房的学生，还可以用逐个分房的功能对其单独分房。智能分房，实现住宿安排智能化的目的，即输入相关参数如安排学生数、学院分布情况、空床位等，系统能自动生成可供选择的床位调整方案，真正实现无纸化、智能化操作；实现住宿资源信息共享的目的，使学院能及时掌握住宿资源，减少后勤部与各学院关于住宿安排方面的沟通和走访工作，提高工作效率。

调宿管理，针对个别学生需要调整宿舍时所需要的功能。需要选中所要调宿的学生，再选中目标楼，楼层，房间即可进行个别调宿和两个学生调换床位。简单，快捷，操作性好。

退宿管理，针对大量学生毕业或其他原因退宿所需要的功能，需要选择毕业日期及毕业年级即可完成毕业生的批量退宿和个别退宿，简单，快捷。留宿管理，对高职院校放假后仍然住在高职院校的学生进行管理，包含留宿分房、留宿学生查询、取消留宿床位等功能。

文明宿舍管理，文明宿舍是高职院校宿舍管理中非常有特点的管理方式，其中包括学期维护、违规违纪登记、文明宿舍标准、文明宿舍评分等相关操作。模块的细化充分说明了当前高职院校对宿舍管理文明化的重视。

日常管理，公寓的日常管理杂乱而繁多，主要包括像访客信息记录、钥匙借用登记、晚归信息记录等管理事项，为了解决这些问题，开发了日常管理模块，在管理员应用中取得了良好的效果。访客信息记录，详细记录每一栋学生公寓楼里的来客的姓名、来访时间、事由及要探访的学生姓名等信息，以备日后查询。物品借用登记，详细记录借用钥匙的学生信息、借走钥匙的日期以及归还钥匙的日期。晚归信息记录，系统能详细记录晚归学生的信息，并且系统可以自动统计同一学生晚归或者夜不归宿的次数，晚归或不归2次的用黄色提醒，晚归或不归3次或以上的用红色提醒。

如果高职院校设置有门禁系统，可提供数据接口将个人数据导入系统中，采用数据挖掘技术统计出学生晚归或夜不归宿的次数。消防设备管理，对学生公寓中的消防器材进行管理。具备消防器材过期提醒功能。海量数据的统计查询和分析是公寓精细化管理的数据支撑。因公寓系统中几乎囊括了学生及公寓全方位信息，系统可根据管理需求对学生数据及公寓楼的信息进行分析操作。包括公寓楼的学生入住情况查询、学生入住密度分析、在住人数统计、毕业床位统计、院系分房统计等。另外设计历史住宿查询功能，通过该流程设置更加清楚地显示了学生的住宿、调宿、退宿记录，包括学生姓名、学号、班级、专业、入住状态、床位号、房间号、公寓号、入住时间、调宿时间、退宿时间等信息，将学生住宿历史信息详细归档，能够做到在扣除学生住宿费用时有据可查，有效地避免了住宿费用纠纷；其次通过记录显示也可以监督可能出现的学生校外租房情况，有利于高职院校校风建设。而且公寓系统中图形化管理方式大大减轻了楼管们繁琐工作，轻松地实现了学生的查找工作，清楚地标记了空床位及不同的床位学生的住宿情况。

三、餐饮管理系统

餐饮管理系统依靠自身强大的功能优势，做到业务流程规范化、资料损耗最小化、成本核算及时标准化，并利用大量数据科学地加以分析同时生成图表，例如，对食堂损耗率的分析、库存的分析、同种蔬菜肉食在不同时期购买的价格变化等形式的比较，较好地堵塞了管理漏洞。同时，这些分析数字对各级工作人员下一步工作也有指导作用，对领导在管理的科学化上也起到了积极作用。餐饮管理系统在实际应用中，首先由各个食堂经理、厨师长或者班组长等，提交今日用菜量和用菜品种，通过对采购

数量的汇总系统会自动分析、比较库存情况，并形成采购的采购
计划；这样不仅减少了流动资金的占压，而且通过对采购计划的
分析可得，例如某一时段某种食品（菜、饮料等）的需求情况
等，对食堂平时的采购种类及饭食制定起着重要的参考作用，同
时也大大提高了工作效率。其次，采购后统一由库房人员经过盘
点、分类、统计统一入库，经过加价后由各餐饮中心按采购单领
取。本系统对采购物品的价格调整数据都有案可查。加之采购进
货量、供应量及库存品种的进价、存量和存货金额都清清楚楚，
采购收入对于内部的管理完全透明，可以随时统计出各个食堂某
种物品的累计数量和明细，从根本上解决了采购物品的"黑箱"
问题。

系统通过对各个食堂、各个售饭窗口的日销售数据进行分
析，及时反映出某个季节、某个时段、哪些饭菜是学生的热衷和
消费的重点，哪些饭菜是学生不太喜欢的，对各个食堂发送采购
计划、有针对性地制作、对调整每日的饭菜及学生饮食结构的搭
配有着非常重要的意义。系统可以细分出饭菜的最基本组成部分
价格，并把每日的销售成本换算成单位原料所创收的利润，然后
同系统中的库存情况进行比较，同时计算出一个食堂的损耗率、
毛利率、人工成本、阶段水电费和摊销等数据。也可以通过对成
本、份数等数据的分析得出各食堂、各售饭窗口、某年、某季
度、某月，甚至某日的营业情况、销售业绩及盈利情况。这一点
对高职院校为各食堂制定每年的任务指标，有着举足轻重的
作用。

四、OA 办公系统

将现有的 OA 系统进行升级和完善，逐步扩大功能，完全实现无纸化办公，完善、改造和升级现有的信息系统。主要从以下几方面进行完善：

一是加班管理，通过系统进入加班申请页面。填写加班申请单，并提交给领导审批。领导可收到邮件或短信提醒，登录系统对申请单进行审批。审批结束后加班申请人收到提醒可以登录查看审批结果，其中包含审批时间、审批意见等。

二是网上审批，实现下级对上级的申请信息上报功能（通过一级审批实现）。申请者可添加申请上报文件，并提交给领导审批。领导对提交的上报文件进行审批，并可提交给上一级领导审批。审批后，申请者可以查看领导审批意见及审批结果。另外可查看本人的审批历史记录，方便对历史记录进行查阅，极大地提高了工作的效率。

三是会议管理，可在系统中对会议室的使用进行提前预约和登记，在系统中进行日程安排，添加修改、删除自己的日程。包含未开始、进行中、结束时间、未完成、全部日程等项。也可以对会议内容进行记录、查阅。另外管理员可对会议室进行维护操作，包括会议室的名称、位置、容纳人数、使用情况。对要参与的会议进行预提醒功能，当临近会议开始时，通过邮件或短信对与会人员进行提醒。

四是经营情况统计管理，可添加、修改和删除经营情况信息，其中包含日期、项目名称、所属类别、支出类型、金额、记录人等。领导可查看各个部门的经营情况。

五、人事资源管理系统

在人力资源管理系统的基础上，加入工资管理部分，对员工的工作进行有效管理，另外，后勤工作人员大多学历不高，对系统的操作能力不强导致部分功能闲置浪费，因此在后面的系统中，我们将加入培训管理，由后勤管理者建立培训通知，员工可以根据自身的实际情况或意愿参加培训。另外虽然后勤已经实现了很大程度上的信息化，但是其事情的繁杂性仍不能改变，因此应该引入奖惩管理，对工作中表现积极的员工给予奖励。例如，一些后勤职员在高职院校服务监督考核平台中获得同学或教师的表扬，则给予一定的物质或精神奖励；而对那些服务态度差，遭到学生投诉的员工给予惩罚处理，严重的给予开除处理。

六、车辆调度系统

因原有的车辆调度系统已完全不适用于现在的实际情况，因此，需要重新开发车辆调度系统，用户能通过网站或手机客户端实时查询当前校车的状态，比如，班车的行驶路线、停靠站点，实时时刻表。借鉴"车来了"公众号服务对班车的行驶进行定位，以方便师生准确地定位班车的所在地，合理安排师生的时间，减少师生等待班车的时间。

七、高职院校服务监督考核平台

建立完善的服务监督平台，设立专职人员，24 小时值班，保证对用户提出的投诉、意见或建议、表彰进行及时处理，保证当天事情当天有结果或解决方案。另外将高职院校服务监督平台与后勤人员的人事工资考核系统数据库进行共享，针对用户的投诉、表彰对相关后勤员工进行奖惩。对提出合理意见或建议的用户提供一定的奖励，如赠送饭券、发送小礼物等，这样不仅能提高用户参与监督考核平台的积极性，也能对员工起到一定的震慑作用。

高职院校数字后勤建设是依托物联网、大数据、人工智能等新一代信息技术，对传统后勤管理模式进行智能化、数据化升级的重要实践。高职院校数字后勤建设需以师生需求为核心，整合技术、管理与服务资源，逐步实现从"经验驱动"向"数据驱动"的转型。通过典型案例的借鉴，结合自身实际制定分阶段实施方案，最终构建高效、绿色、智能的校园后勤生态体系。

第七章

教育行政管理与服务数字化

第一节　加强统筹规划，构建数字管理格局

　　加强高职院校数字化教育行政服务管理，对进一步提高数字化教育行政服务管理水平有现实意义。因此，有必要成立高职院校数字化管理领导小组，明确"校、院"二级定位、职责和任务，构建"部门协同、校院联动"的数字化教育行政服务管理工作体系。以数字化建设推动教育教学改革、优化教育教学治理，统筹规划工作的开展，应在教育信息化发展的视角下，以国家相关政策支持以及职业教育领域相关专家研究为基础，并坚持以"信息化"为高职院校改革的总抓手的基本原则。目前，高职院校的发展已经进入提质培优、增值赋能、改革攻坚的关键阶段，所以，在教育部的教育数字化战略下，高职院校的综合发展，则需要从职业教育发展的角度，尝试对教育模式进行整改，并从教育发展的角度，实现职业教育的综合发展水平提升。强化高职院校数字转型的统筹规划，则需要结合高职院校的实际发展情况，对数字管理格局进行完善，满足高职院校行政管理与服务建设、数字化发展的综合需求。

一、树立先进的行政服务管理思想

数字时代的高职院校行政服务管理要求管理者除了具备已有的行政服务管理思想外，还要注入先进的管理思想。行政服务管理工作作为高职院校管理的中心工作，要坚持"以人为本"的思想，首先确立人在管理过程中的主导地位，使教师和学生在工作、学习过程中，在参与管理活动的同时，得到素质、身心、能力、知识等方面的发展。调动人的主动性、积极性和创造性，使教师和学生的创造潜能得到极大的发挥，对提高行政服务管理质量有着决定性的意义。因此，行政服务管理人员在管理过程中，要以提高教师各方面的素质为主，应以调动、发挥教师和学生的主观能动性和创造性为根本，达到提高教学质量的目的。另外，行政服务管理要树立管理就是服务的思想，要以教学工作为服务对象，实施和改进教学，促进教学目标的实现。行政服务管理人员应明确目标和职责，把服务落实到管理的各个环节。从某种意义上说，数字化高职院校建设的成功与否，并非单纯的技术问题，还与高职院校领导、全体师生的观念、工作方式、学习方式和高职院校管理模式等有着紧密的关系，必须认识到数字化高职院校建设的重要性。

二、优化行政服务管理的过程

高职院校在管理过程中要注意反馈调节工作，及时收集各个环节上管理行为和管理效果方面的信息，保证各个环节中信息的畅通无阻。以高职院校网络平台为技术支撑推进行政服务管理数字化，将管理和服务通过网络技术进行集成，在互联网上实现行政组织结构和工作流程的优化重组，把网上办公、行政公开作为建设的重点，规范业务流程，简化工作环节，提高效率。高职院校在普及运用常规教育媒体，积极开展信息技术教学，全面推进计算机辅助教学的基础上，确立以"数字化高职院校"为核心的教育信息化发展目标，建立计算机和网络教育技术平台，构建共享、开放的信息资源库，拓展和丰富网络教学环境，完善高职院校综合行政系统。

三、营造数字化管理环境

高职院校综合信息平台以校园网和互联网为基础，利用先进的信息化手段和工具，实现从环境（包括设备、教室、实验室等）、资源（如图书、讲义、课件等）到活动（包括教、学、管理、服务等）的全部信息化管理，是在现实高职院校基础上构建信息化空间，拓展时间和空间的维度，提升管理的效率，扩展管理的功能，最终实现教育过程的全面信息化，从而提高教育管理水平和教育教学质量的目的。为了推进高职院校的信息化建设，首先要加强高职院校网建设和图书馆的信息化建设，制定相应的措施和制度。重视教师和学生在应用信息、技术过程中的作用，制定教师和行政服务管理人员信息技能的培训政策。对全体中青年教师开展以计算机知识和技能为核心的培训活动，包括多媒体教室的使用、精品课录制教室的使用等，并将计算机应用技术列入教师必备的教学技能范畴。通过培训提高教师运用现代教育技术，特别是运用网络技术等方面的能力。高职院校鼓励教师进行计算机辅助教学的研究，特别是进行网络环境下的学生自主探究性学习的实践尝试。课堂教学是教学活动的关键环节，当把计算机引入每一间教室时，就为教师提供了网络教学的新环境，特别是网络技术和多媒体技术与现代教育理论相接的辅助教学环境，越来越多地为教学所利用。

四、建设行政服务管理队伍

高职院校教学行政管理与服务信息化建设需要培养高素质的行政服务管理队伍，首先是建设具备信息化和科学化管理能力素质的教师队伍，提高教师的现代信息技术应用能力和管理能力。数字时代的行政服务管理需要一支既有一定专业知识又懂教育理论的高素质管理队伍。管理者应具有与岗位相适应的组织能力、协调能力以及解决问题的能力。信息技术设备的现代化并不等于行政服务管理的现代化，而人员素质的现代化才是教育现代化的根本所在。其次是信息化管理队伍，参与行政服务管理的人员必须掌握现代信息技术，熟悉管理的各个环节，能沟通各部门信息，提高工作效率。再次是信息化技术维护和管理机制执行和监督队伍，对网络平台的运行进行管理，对出现的问题及时解决，保证信息化和科学化管理的正常运行。最后是信息化和科学化管理理论研究队伍，对全校网络平台的运行、数字化高职院校的建设提供理论上的保障，对出现的新情况、新问题进行总结、研究、探索，为教学行政管理与服务信息化和科学化建设提供理论上的支撑和指导。

第二节　加强融合创新，推动教育教学改革

大力推进专业建设与人工智能相结合，探索"专业＋人工智能"的人才培养模式，着力提升人才培养质量。加强人工智能基础、大数据等课程建设，将数字素养与技能培养落实到课程体系中。开发精品在线课程和专业教学资源库，培育跨班级、跨专业、跨时空的学习共同体。打造智慧教学平台，分批建设升级智慧教室、基础录播教室，打造适应多种教学场景的智慧教学环境。鼓励教师结合互联网、大数据、人工智能、虚拟现实等现代信息化教育技术手段，探索直播式教学、混合式教学、融合式教学新模式，提升教师数字化创新应用能力。数字技术的不断演进，全面推进学习环境、教育资源、师生素养、教学模式、教育评价等核心要素发生深刻变革，呈现出一些值得关注的新特征。

一、学习环境革新升级

5G、大数据、物联网、人工智能等技术的应用，推动高等教育学习环境从网络化、数字化向智能化跃迁，不断模糊正式教育与非正式教育的界限，引领学习体验从"静态视觉"转向"动态

视听""智能交互",让人人皆学、处处能学、时时可学逐步成为现实。

二、教育资源开放共享

区块链、生成式人工智能等技术的迅速发展,加速高等教育优质资源流通与共享,同时也推动教育资源生产从人力为主逐步转变为人机协同共创模式,实现数字教育资源批量化、定制化和高效化开发,为高职院校教师开发、利用优质教育资源赋能。

三、师生素养全面提升

随着生成式人工智能、大数据等技术与高等教育教学的深度融合,师生数字素养成为掌握教与学的关键要素。教师由关注教转向教与学的互动,由关注平面式课程内容转向搭建立体化知识体系,更加重视对学生高阶能力的培养,而不只是学科知识的获取。

四、教学模式智慧多元

学习分析系统、自适应系统、AI 助教等辅助教学技术,促进教与学模式改革创新,推动教学模式从"师—生"二元结构转变为"师—机—生"三元结构,实现教学场景理解、教育资源适配、教学过程调节等目标,助力教师差异化地"教"和学生个性化地"学"。

五、教育评价多元科学

数字技术赋能全学段、全过程评价，借助师生数字画像和可视化技术，将教育评价范围拓展至"一切的教育和教育的一切"，促使评价方法从"始于假设"的小数据评价走向"数据驱动"的大数据评价，有力支撑开展更全面客观的评价工作，提供更个性、精准的支持服务。

面对数字技术的持续发展和迭代演进，高等教育须以数字化为引擎，超前识变、积极应变、主动求变，由外延式发展转向以优化结构、提高质量、提升效益为核心的内涵式发展，加速数字教育、数字科技、数字人文、数字伦理建设，构建数字化、网络化、智能化的高等教育新生态。

一是创设数字融合的教育数字化基础环境。加快数字化设施系统升级、服务升级和功能升级，推动教育大数据中心建设，完善数字教育公共服务门户，推动平台互联互通、资源共建共享。协同制定和推广更加统一的教育数字化技术标准和更新机制、数据标准和交换格式、安全协议和隐私保护标准。

二是构建灵活开放的数字化学习成果互认机制。探索被广泛认可和应用的数字教育质量标准与评估体系，建立学分转换准则和学习成果认证流程，实现学分银行、微证书、数字认证、电子文凭等互认互通，推动建立可靠、透明的数字化学习过程和成果互认信息管理系统，确保数字化学习过程与成果可追溯。

三是培育数字素养持续提升的高水平教师队伍。建设教师协作网络，增加教师数字社会交往、数字技能提升、数字伦理修养等交流新途径。充分利用数字化手段，常态化组织开展数字技能培训，促进教师互学互鉴，培养教师跨学科和跨文化教学能力，以适应不同背景学生的需求，提高教学的包容性。

四是制定教育数字化技术伦理安全规范。加强安全监管方面的合作，建立风险隐患监测、评估及应急响应联动机制，强化数据网络安全、个人隐私保护、知识产权保护、反算法歧视等相关法规建设，制定数字教育技术产品质量和安全标准，建立技术伦理和安全规范，强化师生数字伦理和安全教育培训。

五是完善数据赋能的高等教育治理体系。加速推进信息系统与数据平台深度整合和一体化建设，推动教育决策和治理向以数据为核心的模式转变，完善数据驱动的质量保证和评价体系，鼓励探索人工智能辅助教学、学习新形态，强化以人工智能为核心的学科交叉，更新研究范式，探索数字时代的产学研深度融合路径。

六是共建高等教育数字化研究网络与合作平台。建立高等教育数字化研究与合作联盟，协同推进数字教育规划、标准、监测评估，开展知识产权保护、数据安全管理、数字伦理风险防范和隐私保护等方面的研究与合作，持续推动优质资源共建共享，为人类命运共同体建设贡献高等教育的强大力量。

第三节　加强应用强基，促进管理效能提升

　　加强数据治理，梳理高职院校现有的所有业务系统或平台，在建立教职工、学生、财务、资产、教学、科研等主题数据库的基础上，打破数据壁垒，建成基于 1 个数据中心与数据交换、运行、管理、安全等 4 大模块的"1＋4＋N"全域数据中心，实现全校重点数据集成和共享互联。实现"一网通办"，整合行政、科研、人事、财务等多个管理平台，优化业务流程，努力做到"一个平台、一个入口、一套流程、一次填表"，实现办事服务集约化、流程管理标准化，提升教育行政服务管理效能。建设师资队伍、师生竞赛、教学巡导、精密教学科研仪器使用等多场景数据可视化应用，通过直观可视的数据反馈与对比分析，为高职院校的教育教学决策提供数据支撑。

　　持续加强数字化在学生管理服务中的运用，不断推动服务精准化、精细化、数字化发展。

　　一是赋能日常管理服务。研发健康信息上报系统"平安报"，贯穿成绩管理、课程管理、高职院校活动、心理健康测评等系统，对接出入校、高职院校卡消费、门禁系统、楼宇教室扫码等数据，实现全天候异常监测，及时预判、发现、处置苗头性、倾向性问

题，为学生健康成长保驾护航。

二是赋能重要工作安排。在学生寒暑假离返校、新生报到、毕业生离校等重要节点，实时抓取相关数据，按照学院、年级、地域等形成各维度、多类别、图形化统计信息，便于相关部门及时调整工作安排、合理安排工作力量，全方位守护高职院校安全稳定。

三是赋能网络阵地建设。推进办学历史、高职院校文化、原创作品等数字化改造及线上场景搭建，建成虚拟校史馆等，不断运用新型传播手段引领学生健康成长，进一步筑牢网络育人阵地。

面对数字化浪潮，世界各国基于各自面临的特定历史背景、现实需求，以及技术条件和物质基础，进行了卓有成效的高等教育数字化实践探索。下面围绕育人方式、办学模式、管理体制、保障机制四个维度，深入分析了数字化重塑的高等教育新范式。

一、精准的育人方式

强调改变传统教学模式，实现技术赋能的个性化、情境化、协同化育人。形成强交互、沉浸式的虚拟教学，数据驱动、智能支持的精准教学，无边界、混合化的弹性学习和基于生成式人工智能的个性化学习。以育人方式变革促进人技融合，发展学生创新意识、批判性思维、协作沟通能力、数字素养等，培养大批适应数字时代的创新人才。

二、开放共享的办学模式

强调改革相对独立的办学模式，实现互联互通的开放化、多元化、融通化办学。构建合作办学与跨校学分互认、基于网络平台的资源融通办学、基于智能平台的产教融合办学和元宇宙支持的无校区开放办学形态。在此基础上，通过人机协同、人机互助的办学模式，促进教学过程、技术应用、人文关怀融为一体，形成智能化、协同化、一体化的办学格局。

三、高效灵活的管理体制

强调数字化理念引领下的顶层管理体系建设，实现数据驱动的扁平化、精准化、灵活化管理。打造基于智慧高职院校的数字化治理、基于数据大脑的业务流程再造、全过程智能在线教育管理和基于区块链的协同与信任管理。基于数字化教育管理平台，综合分析教育管理数据、公共管理数据，在决策制定、结果分析、风险评估、政策优化等方面为管理者提供帮助，实现更加精准、更加科学的过程管理。

四、规范可靠的保障机制

强调打破单一技术布局和技术变化造成的技术壁垒，实现坚实可靠的综合化、智能化、便捷化保障。强化数字融合的智慧高职院校一体化保障、人本取向的教育服务伴随式保障、"校—企—政"联动的教育安全保障和跨界互通系统规范的教育质量保障。进一步拓宽教育服务的保障渠道，推动支撑保障机制从封闭、孤立走向开放、合作，确保高等教育安全、健康、优质、高效、可持续发展。

此外，还应加强服务师生，推进智慧高职院校建设。升级高职院校教育行政服务管理系统，打造课表提醒、线上学习、考试安排、成绩查询、评奖评优、信息发布、心理健康、学生社团管理等事项"一站式服务"。面向师生开放教学科研等基础数据的共享应用，提供大数据分析工具，持续拓展数据分析在教学科研等方面的应用价值，以数字化促进高职院校文化交流和共享，以数字化建设提升教育行政服务管理实效，助力高职院校高质量发展。

充分发挥教育数字化建设在完善现代大学治理体系和提升治理能力方面的重要作用。一是强化系统设计。成立信息化和网络安全领导小组，统筹协调智慧高职院校建设，将高职院校数字化建设纳入事业发展规划和年度工作要点，定期督查督办，抓好推进落实。二是强化队伍建设。在信息化建设与管理办公室配备专职人员基础上，推动所有二级单位设置信息化专员岗位，着力打造一支专兼结合、业务精湛、结构合理的工作队伍，为高职院校数字化建设提供人才保障。三是强化业务联动。整合高职院校各业务平台数据资源，上线集教学、科研、人事、财务、资产、后勤等为一体的信息管理门户，实现师生各项业务办理"一号登录、全网通办"。建设移动端服务系统，推动服务事项"网上办、掌上办、指尖办"，进一步提升师生体验感和满意度。加快推动数据共享互联，打通数据壁垒、消除信息孤岛，形成数据编码规范和多个业务数据标准子集，不断推动数据系统化、标准化，整体推进教育管理与业务流程再造，提升教育治理体系和治理能力现代化水平。

第八章

构建高职院校信息化监督与评价体系

第一节　战略地位

　　21世纪是信息化的时代。网络化、信息化已成为一种必不可少的条件。21世纪的教育必须能够适应信息化社会的需求，全国各大院校都在积极建设和完善院校信息化。教育部在《国家中长期教育改革和发展规划纲要（2010—2020年）》的实施意见中明确指出："加快教育信息基础设施建设。信息技术对教育发展具有革命性影响，必须予以高度重视。把教育信息化纳入国家信息化发展整体战略，超前部署教育信息网络。"把"加快教育信息化进程"单独列为一章，并列为十大项目之一重点推进。

　　教育信息化是国家信息化建设的战略重点，也是国家信息化的重要组成部分，是教育改革发展不可或缺的支持和推动力。信息化已经成为新世纪教育发展的鲜明时代特征，成为各高职院校必备的重要信息基础设施，其规模和应用水平已成为衡量高职院校教学与科研综合实力的一个重要标志。2011年，教育部专门组建了教育信息化领导小组，成立了专门的教育部教育信息化推进办公室，确立了教育信息化的领导机构和责任部门，推进了教育信息化管理体制改革，为教育信息化全面、深入、科学的发展奠定了基础。我国教育信息化经过十多年建设，尤其是通过"十一五"期间一批重点工程的实施推动，取得了显著成绩，为下一步发展奠定了良好的基础。"以教育信息化推动整体教育改革与发展是我国当前教育发展的重要方向",而高职院校教育信息化是教育信息化的重要组成部分。

在当前的教育信息化建设中,高职院校的信息化建设发展尤为迅速。教育信息化指标体系是教育信息化建设的指南。建立高职院校教育信息化指标体系,是为了正确和客观地评价高职院校教育信息化水平,引导高职院校行政管理与服务建立在有效益、务实、统筹规划的基础上。从宏观上来说,可以指导高职院校教育信息化整体水平的提高,通过评价寻求高职院校信息化的切入点和对战略的支撑点,找出解决瓶颈问题的思路;从微观上讲,使高职院校管理部门可以更准确地认识信息化的内涵,明确信息化的目的,在实施信息化的过程中,不断将信息化的实施效果和发展战略进行比较,进而改进信息化工作,制定正确的信息化战略,并对具体实施提供帮助。

世界教育信息化的迅速发展,不仅对各国经济发展产生了深远的影响,而且对教育信息化的理论研究提出了新的要求,特别是教育信息化发展水平分析方法的研究显得尤为重要。为了推进高职院校行政管理与服务建设,引导高职院校教育信息化健康、快速、高质量的发展,必须对高职院校教育信息化水平进行科学、合理的评价,通过评价真实反映教育信息化发展的水平,从而促进高职院校教育信息化的发展。

我国教育信息化目前已经取得了很大的成绩,但是如何分析和正确评价高职院校行政管理与服务成就和水平,如何引导各高职院校的信息化建设向务实高效的方向发展并为高职院校行政管理与服务的实际工作提供切实的帮助和参考是我们需要面对的问题，也是现阶段高职院校教育信息化研究的重要课题。通过对高职院校教育信息化指标的统计分析，定量地衡量高职院校的信息化发展程度，可以推进高职院校行政管理与服务建设决策的科学性和准确性，使得管理部门能够有效地指导和促进高职院校行政管理与服务建设工作，为研究制定高职院校行政管理与服务发展计划提供量化、科学的依据。我们要根据教育系统的特殊性，建立真正适用于高职院校的教育信息化评价体系和模型，客观地评价教育信息化发展水平，确立正确的引导方向，进而推动高职院校信息化工作的整体发展。

总之，建立一套高职院校教育信息化指标体系，能够科学、客观地对高职院校教育信息化水平进行评价，从而正确引导各高职院校教育信息化的健康、持续发展具有重要意义。高职院校教育信息化是国家信息化的重要组成部分，研究并制定出高职院校教育信息化专项指标体系，对于丰富和完善国家信息化指标体系，是一个具有探索意义的重大课题。教育信息化评价指标的建立是贯彻落实"加快教育信息化进程"战略的重要举措，是带动教育信息化各项工作创新和升级的重要突破口。

第二节　基础设施

近年来，高等院校面对稳定增加的求学需求，不断对自身进行改革，坚持走内涵式发展道路。在高等教育领域，内涵式发展要求高等院校不断提升教育质量和教育水平，主张从过去扩大办学规模的粗放式发展，改变为以提升教学质量和社会效益为首要任务式发展，而且内涵式发展更着重于高职院校文化氛围、教学科研水平等方面实力的提升。

为了响应国家推进高职院校深化改革和内涵式发展的要求，为了满足更多学生的求学需求，有的高职院校开始整合资源建设环境优美、基础设施先进的新校区。在新校区建设的过程中，资金紧缺问题是高职院校建设的一大瓶颈。高职院校资金来源结构简单，其中财政收入仅能用来维持高职院校正常地运转，学费收入不能贸然提高，而随着"校银合作"导致高职院校债台高筑的现象屡屡出现，银行贷款获取资金的方式也受到限制，因此高职院校的融资渠道非常有限。而2013年底随着项目合作模式在我国得到大力推广，很多法律层面的规范指南也纷纷出台，其中项目合作模式在教育领域的应用更是受到了有关部门的推荐。因此，很多高等院校开始将项目合作模式引入新校区基础设施建设的过程中来。从现时的资金需求角度来看，高职院校采取项目合作模式不仅可以为内涵式发展带来新的资金，还可以盘活资产。表现在：第一，高职院校内涵式发展需要的各种教育基础设施可以通过社会资金来建设；第二，通过置换债务和将资产套现，达到盘活资产，增加高职院校现金流，降低财务风险；第三，项目合作模式能够促进高职院校粗放式银行融资向"以购买服务为主的绩效支付模式"转变，缓解了高职院校和政府的财政压力和负债风险。从未来的资产效率角度来看，高职院校资产使用效率可以通过应用项目合作模式得以提升，体现为：

其一，项目合作模式中社会资本方具有更实用、合理和更符合市场规律的经营理念方法，能够最大限度地利用高职院校的资产，尽量减少资产的闲置；

其二，通过项目合作模式的竞争机制，从项目的全生命周期成本的角度考虑，挑选服务质量好的社会资本参与高职院校基础建设项目，提升资产公共服务的质量和效率。然而，基础建设项目是一项程序繁琐、各方关系错综复杂、合作时间长的综合性项目，高职院校在基础建设项目管理方面的经验较少，相应的风险评价经验更少，很难对高职院校基础设施基础建设项目的风险进行高水平和高质量的评价。

过去我国教育领域的基础设施项目多由政府全面负责，风险评价也偏向于从定性角度出发。我国基础建设项目的应用多集中在市政工程和交通运输方面，在教育领域，特别是高等院校领域中的应用很少，相关历史数据更少；在项目合作模式发展较早的国外，高等教育领域应用项目合作模式的案例也寥寥无几，所以国内外值得借鉴的风险评价经验不多。这就加大了高职院校基础设施基础建设项目中的风险，所以对目前项目合作模式在高职院校基础设施中的应用进行风险评价研究是十分必要的。项目合作模式在我国发展的历程比较短，仅有三四十年，相应法律政策的制定、风险评价等方面发展得并不成熟也并不完善。在 2016 年，财政部将教育、医疗、能源、环保等 19 个经济领域纳入鼓励采用项目合作模式的名单，并在项目付费模式的种类中增加了政府付费和混合付费，以促进项目合作模式在上述经济领域中的应用。我国高职院校基础设施中基础建设项目的发展起步较晚，相应配套改革措施并不完善，基础建设项目风险评价的操作与风险应对也存在很多问题。因此通过对高职院校基础设施中基础建设项目的风险评价研究不仅可以丰富项目合作模式的风险评价理论，更可以为高职院校基础设施中基础建设项目的风险评价和风险应对提供新的思路。

一、风险评价的内容

第一，风险出现的阶段。在这部分中，需要具体辨识风险可能会出现在项目中的哪个阶段内。某些风险可能会一直伴随高职院校基础设施基础建设项目的全过程，如市场风险和政策风险；某些风险可能只出现在某个具体阶段，如立项风险只会在项目前期阶段出现一次。

第二，项目合作模式的风险影响。在该部分中，需要不仅要分析每个阶段的单一风险对高职院校基础设施基础建设项目的影响程度，还要分析不同风险因素之间的影响和作用。例如，由于设计存在缺陷而导致的设计风险可能会导致建设的进度，从而加大项目的完工风险，而这两种风险之间的作用会影响到整个高职院校基础设施基础建设项目的风险水平。

第三，项目合作模式的风险大小。结合具体项目的特点，运用数学和统计相关方法，可以尽可能定量化地获得该项目的风险大小。

第四，项目合作模式风险程度。在对基础建设项目风险定量化研究后，由于成本过高，高职院校不可能将所有的风险一一处理和防范。所以我们需要为量化的风险划分等级，可以将风险划分为高等、中等、低等以及无风险四个等级，再根据风险的轻重缓急进行防范和处理。

二、风险评价的步骤

通常，风险评价可分为三步：

第一步，采集所需数据。数据的收集可以通过寻找某一具体项目的实施方案或者可行性报告来进行，也可以搜集同类型的项目的资料进行补充和丰富。例如，若某一类型的数据比较难获得，那么可以尝试采用专家小组评价等方式。

第二步，构建基础建设项目风险评价体系。根据项目的具体特点和能够采集到的评价数据，构建适合该项目的风险评价指标体系，选择适当的评价方法进行评价。

第三步，判断风险的大小。通过风险评价方法的计算，可以得出某一项目风险的大小，并对风险程度进行判断。

三、风险评价常用方法

专家打分法、敏感性分析法、Monte Carlo 模拟法、层次分析法、模糊综合评价法等是当代社会中常被工程项目采用的风险评价方法。

专家打分法。专家打分法常用于缺少数据资料的工程项目，在高职院校基建工程中也常采用专家打分法进行可行性判断。该种方法利用相关学者专家的经验和知识进行风险大小的判断得出项目的风险水平。

敏感性分析法。该种方法通过研究相关因素的变化对目标变量的影响程度，来判断每种相关因素对目标变量的敏感程度，并根据敏感程度排出顺序。可以利用敏感性排序判断较大的潜在风险。在现实应用中，敏感性分析法常与财务指标一同应用。

Monte Carlo 模拟法。该种方法在大型项目中应用频率较高。它不仅能够依据历史数据和计算机的模拟参数动态设置得到风险评价结果，还能通过模拟运算将风险评价的结果以概率分布的方式呈现。

层次分析法和模糊综合评价法能够将最初的主观意见定量化，得到较科学客观的结果。

通过风险的评价我们可以得到一个基础建设项目的风险程度，在风险的预防和应对过程中仍需要一个公平恰当的办法来最小化风险和应对风险。公共机构在基础建设项目中首要任务是代表和维护公共群众的利益，并寻求有限财政资金使用效率最大化和公共产品质量的提升。社会资本则注重经济回报和回报的可靠性，所以很关心基础建设项目的风险评价结果和分担。基础建设项目的特点之一是利益共享和风险共担，因此不能将基础建设项目的风险全部推给社会资本承担，否则不利于基础建设项目的顺利开展。公共机构也不能大包大揽地承担过多风险，造成公共资产的损失。所以说，将基础建设项目的风险公平合理地在公私双方之间进行分配是很必要的。作为一项复杂的项目，基础建设项目的风险分配要考虑到公私双方合作的具体形式、风险的处理能力、风险的承担能力，还可以参考收益的分配、风险控制动机、处理风险的效率等原则进行风险的分配。结合我国相关基础建设项目的风险分配经验，风险分配的原则为：

（1）公私双方谁具备能更好控制某种风险的能力，谁承担该风险；

（2）公私双方谁具备更好转嫁某种风险的能力，谁承担该风险；

（3）公私双方谁是消除某种风险的最大利益获得者，谁承担该风险；

（4）公私双方谁承担某种风险能更有效率地应对，谁承担该风险。

基于上述四条原则，如果一方已经为应对风险付出的成本和代价不可以变相转嫁给另一方。

公共部门优势体现在它有权制定政策和监督政策的落实审查，也是政策的执行者。可以说，公共机构在项目合作模式中具有监督的责任也有参与的责任。所以，公共机构应当承担基础建设项目中与政策相关的风险。社会资本的优势体现在充足的建设运营资金和先进的管理技术，他们凭借专业管理人才能够既有效率又有质量地完成项目的建设、管理和运营。所以社会资本应当承担与市场相关的风险。

四、风险识别

风险的识别就是利用经验和专业知识对基础建设项目中的风险进行类别判断和原因分析的过程。通常会采用一定的规律拆解基础建设项目，将复杂的工程化解为简单程序的小模块，再进一步细分其中的风险。识别方法可以采用专家经验判断的方法，也可以采用通过工程的结构进行分析判断。项目合作模式在高等教育领域的应用时间不长，可借鉴的风险识别较少，应当结合项目合作模式全生命周期的特点，逐个对各个周期阶段的风险进行识别。本书选择高职院校作为评价主体，识别高职院校在基础设施基础建设项目中可能发生的风险，具体风险识别如下：

1. 政策风险

项目合作模式在项目中的具体应用过程较长，涉及立项、建设、经营以及移交等诸多环节。基础建设项目在运行全生命周期中，可能会受到对项目产生影响的政策法规。这些政策法规可能来自当地政府机构、国家教育部门、国家其他相关部门等。政策风险贯穿整个基础建设项目，包括项目前期、建设期间以及经营期间等生命周期。一旦发生较大的政策变动就可能导致项目失败。例如，在高职院校基础设施基础建设项目的建设阶段，国家取消了相应的建筑补贴会增加建设方的成本；在项目的运营阶段，由于教育政策的改变导致的市场需求下降以及对运营商的补贴数额的下调都有可能影响到基础建设项目的成败。

2. 市场风险

市场风险在项目的各个阶段都以不同形式存在着。在项目前期，市场风险是判断立项决策的重要参考；在项目建设阶段和运营阶段，市场风险表现为原材料的价格、人工的价格、产品价格、通货膨胀、利率的变化以及购买力的变化。在高职院校基础设施基础建设项目中，无论是采用用户付费还是高职院校付费，现金流是相对稳定的，然而市场风险是依然存在的，如学生数量的减少、劳务成本的上升、借款利率的提高都会增加基础建设项目的成本，产生市场风险。

3. 立项风险

高职院校在决定采用项目合作模式提供服务产品时，需要对该项目的可行性和必要性研究、投资估算和筹资方案进行初步确定。但是项目合作模式是一种复杂的合作方式，在立项决策的过程中不仅需要一系列的基建知识和经验，还需要对项目合作模式有深入了解，更重要的是不同的决策者有不同的风险偏好。因此在初步评估的过程中可能会导致实际情况与预设不符，导致立项风险。在目前的高职院校立项决策的过程中，主要还是依赖传统的定性分析，缺少对历史数据的累积和分析，科学化决策程度较低。这也导致高职院校立项判断失误风险的出现。

4. 融资风险

对于高职院校而言，项目合作模式是利用有限资金撬动丰富社会资本进行教育事业基础设施建设的方式。但是当下高职院校负债的阴影尚未散去，拨付的基建资金无法满足高职院校所有基建的资金需求，高职院校的建设资金来源仍集中在银行借款，这就加大了高职院校偿债的风险。当贷款利率出现变化时，高职院校偿债压力也会加大。

5. 设计风险

目前高职院校的基础设施都是坚持"以人为本"理念，设计方案也都越来越注重实际功能和需求。但是天下没有十全十美的设计，设计方案不可能满足所有人的需求，也无法完全贴合实际情况。在设计方案实现的过程中可能会出现各种各样的问题，也可能出现设计缺陷，如果设计是高职院校提供的，那设计风险就应当由高职院校承担。

6. 完工风险

完工风险包括无法如期竣工或者竣工质量不达标等情况的发生。尤其高职院校对完工的日期有一定特别要求，因此可能会致使工程承包方为了赶工期而牺牲建筑质量，导致竣工验收不合格。高职院校对完工日期的特别要求、寒暑假制度、规律作息制度等因素都会对高职院校基础建设项目的完工风险产生重大影响。

7. 监督风险

在高职院校基础建设项目的建设环节中，高职院校作为基础设施的最终使用者和所有者，肩负着不可推卸的监督职责。但是在实际建设过程中，可能会出现监督失察的现象，这对高职院校的利益也会产生伤害，由此产生监督的风险。

8. 经营风险

经营风险产生于运营商在经营高职院校基础设施基础建设项目的过程中，产生原因主要有运营商管理不到位、技术更新、经营中的失误等。由于上述原因从而影响到高职院校基础设施基础建设项目公共产品提供的质量和效率，这也会影响到高职院校的利益。

9. 履约风险

高职院校基础建设项目可能存在多种履约风险。最主要的风险是在运营过程中运营商提供的服务产品不符合约定的标准或者因为某些原因无法完成合同约定的合作期限。由于项目的运营方无法完成或者拒绝完成协议规定的条款而给高职院校基础设施基础建设项目造成损失和伤害就是履约风险。

五、风险监督策略

（一）建立高职院校基础设施

基础建设项目风险数据库由于应用时间过短，没有足够的数据积累，不利于立项前对高职院校进行科学的风险评价。因此只有建立相应的数据库才能促进高职院校基础设施基础建设项目进行有效的风险评价和防范。高职院校基础设施基础建设项目的风险信息数据库，应当具有采集项目合作模式在高职院校基础设施应用出现的风险种类、风险原因、风险影响、风险损害等信息的功能。这些数据的收集既依赖于项目合作模式在高职院校中大面积地应用累计数据经验，也依赖于国家对数据平台的建设。尽管这两方面建设还不完善，但是有效的风险评价和对策只能够依赖于数据的分析计算。因此，建立高职院校基础设施基础建设项目风险数据库是十分必要的。风险数据库的建立应当包含两部分，即高职院校基础设施基础建设项目的风险信息库和风险管理数据库。风险信息数据库是风险数据库的基础，应包括基础建设项目基本情况、风险评价标准、风险信息登记等部分。工程的基本情况包括高职院校基础设施基础建设项目的可行性报告、合同协议、项目实施计划、参与方的评价与分析。风险评价标准应包含风险等级评价标准、风险经济损失评价标准、风险发生概率评价标准、建筑延期标准等内容。风险信息登记则用来记录在建高职院校基础设施基础建设项目中发生的风险种类、风险原因、风险应对具体措施、对风险程度的评价等内容。而风险的管理数据库主要分为辨识部分、评价部分、处理部分、监控部分四个子系统。

辨识部分的工作内容主要包括划分风险评价单位，并对风险的种类、产生原因、影响程度等进行分类，采用实地调查等方法核对风险。

评价部分则根据风险信息库的数据信息，结合拟建设的高职院校基础设施基础建设项目的基本情况，运用专家调查法、概率方法、模糊综合评价法、蒙特卡罗模拟法等定性和定量的风险评价方法，得出每一种风险的概率、可能带来的经济损失、风险排序等结果，并生成评价报告。

处理部分则针对评价部分的结果进行给出风险因素的应对和防范措施，如风险转移、风险自留等。

监控部分则可以接收在建高职院校基础设施基础建设项目的风险信息，并对风险的发展状态进行监督控制，并生成监控报告。当拟采用项目合作模式进行高职院校基础设施项目建设时，首先应当根据项目的基本概况和特征，调用风险辨识的子系统，进行以风险信息库的数据为基础的风险识别；然后进入风险评估子系统进行风险发生概率和影响程度的评价；最后进入风险处理子系统，提供风险应对和防范的意见并生成风险评价报告。根据风险评价报告，如果高职院校认为该基础建设项目风险评价结果是可以接受或可控制，则可以考虑立项。在施工过程中，仍应当进行风险监控的环节。将实际发生或潜在风险种类、发生原因、应对措施等信息输入风险监控子系统并生成风险监控报告。值得注意的是，风险评价报告和风险监控报告可以被输入风险信息数据库，作为历史数据的累积。

在数据库初始建立时，风险信息数据可以从财政部的基础建设项目库中选择建成或以正在建设的高职院校基础设施基础建设项目的相关风险数据作为初始数据，并由财政部、教育部以及高职院校联合组成专家小组挑选数据库的运算软件和运算方法。风险监控是风险信息数据库的重要来源，为了保证其真实有效，应派出独立的监控小组进行现场调查，核查其真实性后由独立监控小组输入数据库。

（二）立项风险防范

立项风险的控制，高职院校可以采取两种方法。

其一，加强项目的可行性和必要性的研究。为项目的确立准备充足的依据，不能仅从定性角度研究可行性，要结合定量指标综合评判，特别需要做好项目的财务测算和服务费用支付方案的设想。

其二，聘请专业咨询机构。很多咨询机构具备评估能力，其评价技术比较成熟，经验丰富，可以聘请专业咨询机构进行项目可行性论证。这就需要对从事高职院校基础建设项目方面咨询的服务机构进行规范化的管理，以更好地为高职院校 PPP 项目服务。具体可以从以下两方面加强：

一是加强专业咨询服务机构的建设。专业咨询机构在高职院校基础设施基础建设项目实施过程中发挥着重要作用，因此应当加强专业咨询服务机构建设，培育出优秀的专业机构为高职院校提供咨询服务，最大限度地保证基础建设项目规范专业地运作和顺利地实施。

二是建立规范。国家可以对从事项目合作模式咨询的机构进行资格认定，保证咨询机构的专业水准。例如，曾经与政府机构成功合作过的咨询机构可以获得较高水平的认可。还应设置监管部门对咨询机构进行业务监督并定期对其进行资格审查。同时还要注意规范 PPP 咨询机构的竞争秩序，不能造成市场竞争环境的混乱，政府相关部门要建立信息公开制度，对符合资格的咨询机构进行公示，还要对这新兴的行业设立严格的服务标准，创造公平的竞争环境。

（三）完工风险防范

高职院校可以通过谨慎选择建设承包商、通过协议合同转移完工风险、设立高职院校基础建设项目的监理小组三种方式来防范。

谨慎选择建设承包商。高职院校务必要通过招投标和谈判来了解建设承包商的实力，通过对潜在的投标人进行实地考察和合理的约束，确保建设承包商具有相应的顺利完工能力以及对施工质量和进度的控制能力。在对建设承包商进行充分了解后，高职院校可以通过向项目公司反映意见来实现对建设承包商的选择。在挑选建设承包商时，合格的建设承包商至少应当满足以下三个条件：

第一，该建设承包商具有合法独立的法人资质；

第二，建设承包商具有完成高职院校基础设施基础建设项目建设的丰富经验和充足的建设资金；

第三，建设承包商应当在行业内具有良好的口碑和信用。

通过协议合同转移完工风险。完工风险的转移可以通过签订完工担保协议来转移风险。当高职院校基础设施基础建设项目无法按时完工时，高职院校可以获得一定的经济赔偿。完工风险的担保人可以由项目公司来担任。项目公司是高职院校基础设施基础建设项目的最大投资人和主要利益相关者，由项目公司担任完工风险的担保人，一方面可以促使项目公司在建设过程中尽到监督检查工程进度和工程质量的职责，另一方面高职院校可以通过项目公司掌握第一手的项目进度和质量资料。在签订完工风险担保协议时，可以具体规定完工风险的种类。例如，工程竣工日期不符合高职院校要求的情况、工程验收质量达不到高职院校要求的标准、高职院校试运行失败的情况等。还可以规定具体赔偿标准。当竣工日期不符合高职院校要求，可以以超过约定的竣工日期天数为标准，规定项目公司应给予高职院校的经济赔偿。例如，当非高职院校原因导致竣工日期推迟一个月，项目公司应赔偿高职院校一个月的估算收入。当项目公司赔偿高职院校损失后可以向建设承包商追偿，也可以向保险公司追偿，再次转嫁完工风险。

设立高职院校基础建设项目监理小组。高职院校应当针对本校的基础设施基础建设项目成立监理小组，检查工程进度和工程质量。监理小组的成员可以包含高职院校的基建部门的工作人员、工程专业的教师、高职院校和政府负责基础建设项目的领导、社会独立的监理公司。监理小组具有及时向施工单位、项目公司以及高职院校负责人进行汇报的责任；具有按时向高职院校基础建设项目负责人汇报工程进度状况和可能造成完工风险的影响因素的责任；具有识别风险和初步控制风险的责任，以保证高职院校基础设施基础建设项目能够按照施工计划正常进行，减小高职院校的完工风险，同时能够帮助高职院校尽可能早地发现、分析、评价和处理风险。

（四）监督风险防范

1. 要明确监督主体及其监督责任范围

首先，应当建立全国统一的基础建设项目监管中心，负责PPP监管政策的发布等工作；其次，加强部门之间的相互协作，明确各部门在基础建设项目不同阶段的责任范围。例如，在项目初期需要财政部评估项目风险，需要住建部的批准，在运营维护过程中需要审计部门对财政进行审查。结合现有政府部门机关的设置和高职院校基础建设项目所涉及的审批监管部门来看，涉及行政监管的部门主要有以下三类：行业主管部门及高等院校、职能监管部门、一般监管部门。

2. 明确监督方式和流程

公共部门的监督可以采用事前监督、事中监督和事后监督的方式进行。事前监督与事中监督的分界线设定为建设阶段开工日；事中监督与事后监督的分界线设定为运营开始日。在监督过程中应当结合实际坚持客观公正的原则进行监督。事前监督主要针对高职院校基础建设项目的合同订立的监察，社会资本合作方综合实力的审核以及开始建设之前项目计划的审查，以确保项目建设会如期完成。事中监督主要是对高职院校基础建设项目的建设过程的监督。在这个阶段，主要监督社会资本是否按照建设计划和进度进行施工，建设资金是否按规定使用，建设安全制度是否落实，竣工验收的检查以及有无违背 PPP 合约的建造行为。很多高职院校都设有基建部门，基建部门的工作人员可能在大型复杂项目上的建设经验比较少，但是熟悉项目招标、建设的具体过程，其职责又与基础建设项目相关。因此，高职院校的基建部门可以作为高职院校监督小组的成员。事后监督主要针对建设完成后项目的运营和维护环节，进行运营计划的审查、运营的财务资料的审查、运营绩效评价以及最终产出的质量和效率是否符合标准。高职院校之中不乏管理类财务类的专业人才，在财务经济监督方面更具有优势。

3. 促进公共监督

在信息散播日益迅速，民众参与意识日益高涨的今天，发挥公众的监督作用越发重要。高职院校应该鼓励公众积极参与到项目的监督工作中。针对具体的高职院校基础设施基础建设项目，应当设立该基础建设项目的项目公司的官方网站、官方微博、微信号、沟通热线等沟通渠道，由专门的工作人员负责主动发布该项目的重大事项，收集社会建议和意见，并及时回复。亦可通过主流媒体的参观报道，使社会公众了解项目的进展和意义，引起社会的关注和监督。

（五）履约风险防范

项目的履约风险可以通过完善合同框架和内容，加强监督以及合理的报价等方式控制。

1. 完善合同的框架和内容

运营合同中应当明确合作双方的责任和权利范围，并针对双方可能产生分歧的情况进行详细平等的探讨和商议，使双方的责任义务更加准确、清晰。在合同中还应当为运营商提供的服务和产品的质量水平、价格水平做出符合教育部规定和学生消费水平的详细规定。如果提供的产品服务存在质量下降或者价格过高的情况，高职院校应当根据合同中约定的方式对运营商采取措施。例如，可以采取缩短运行年限、终止合作等方式。

同时，如果运营商面临签订合约时未曾预见的风险，还应当根据实际情况进行合同相应条款的调整或者签署补充协议，以更加合理公平地进行风险分配。明确清晰的合同条款是防范履约风险的基础，而富有弹性的合同框架和内容的调整机制，则更能保证责任和风险分配的公平，从而减少运营商的违约行为。

2. 设立基础建设项目运营管理委员会

高职院校基础设施基础建设项目最终服务的是全校师生，高职院校基础设施的作用首先是服务师生，保障正常的教学活动，其次还具有一定的教育作用。因此高职院校基础设施基础建设项目的具体管理事务不能简单地由运营商或者由高职院校单独管理。应当通过设立基础建设项目运营委员会来决定如何进行基础建设项目的运营管理。基础建设项目运营委员会应当包含运营方、高职院校、项目公司以及学生代表。在这个组织里，学生代表的加入可以增加运营商与学生沟通的渠道，可以更好地对学生进行管理提供服务。运营方可以主要负责提供清洁服务、来访登记服务、维护修理服务、安全保障等具体运营事项。高职院校则可以负责学生费用的收取、文化建设、运营监督等事项。学生代表则负责向高职院校和运营商反馈服务质量以及进行运营监督。通过将高职院校、学生加入基础建设项目运营管理委员会，除了可以提升高职院校基础设施的服务水平外，还可以更好地监督检查运营方是否存在违约行为，并及时地发现、处理履约风险。

3. 给予运营方合理的经济回报

高职院校基础设施基础建设项目属于公共性质，提供的服务产品价格既不能过高也不能质廉价低，而运营成本可能受物价和人工等市场因素的变动而增加，因此，高职院校可以在运行成本上涨的情况下，与高职院校协商提出合理的报价以补贴一部分经营亏损；也可以通过其他方式，不改变约定的价格而达到补贴运营商的目的。可以授权给运营商一些可以带来经济效益的相关业务，如学生公寓面临较低的入住率时，高职院校可以通过授权运营商开设宿舍洗衣房、打印室等来弥补一部分亏损，也可以安排学生优先入住采用项目合作模式的学生公寓。只有运营商获得了合理的经济回报，才会减少其为保证正常运营而偷工减料、降低服务标准的违约行为。

第三节　建立教育信息化
评价指标体系

一、选取指标的依据

高职院校教育信息化评价指标的选取可以参考国家信息化指标体系以及中国高职院校行政管理与服务指标。但是高职院校教育信息化与高职院校行政管理和服务相比，有其共性，表现在：

（1）高职院校教育信息化是教育信息化的重要组成部分，而教育信息化与高职院校行政管理和服务又是国家信息化的重要部分。教育信息化与高职院校行政管理和服务的发展效果，在一定程度上影响和制约着国家信息化的发展。

（2）两者具有相同的技术属性。它们都是较全面地运用以网络通信、计算机为基础的现代化信息技术，以此促进行业的发展，适应现在的信息化社会所提出的新要求。从技术属性来看，基本特性都是数字化、网络化、智能化。

（3）教育信息化与高职院校行政管理与服务均是一个循序渐进、不断发展的动态过程。教育信息化与高职院校行政管理与服务的发展在技术实现手段上来讲不是一成不变的，而且信息化表现在其发展进步的各个方面。

同时，教育信息化与高职院校行政管理和服务相比又有其特殊性，这些特殊性表现在：

首先，适用范围的不同。教育信息化是指在教育领域运用先进的技术，其核心是教学信息化。而高职院校行政管理与服务是将高职院校的生产过程、现金流动等过程数字化，其核心是进行业务的信息化、数字化，进行业务流程的管理。其次，教育信息化是整个教育行业的信息化，其建设、资源开发及应用必然会涉及教育环境、教育内容、教育管理等教育领域的各个方面。再次，信息化目的不同。教育信息化是通过先进的现代化的技术手段来促进信息技术在教育领域的广泛应用，推动教育的改革和发展，培养适应信息化时代要求的创新人才，以此来促进整个教育行业的现代化。高职院校行政管理与服务旨在通过先进的信息技术提高产品和服务质量，加快产品更新换代的步伐，改进生产工艺和生产流程，从而大幅提高生产效率，创造更高的价值。

二、指标体系的设计原则

教育信息化评价指标在评价体系中占据着十分重要的地位。高职院校教育信息化是一项十分庞大、复杂、系统的工程，里面包含的指标也是非常之多，在进行指标选定时，我们要遵循以下原则：

1. 政策性
高职院校教育信息化指标体系的建立必须符合国家信息化建

设的相关规定和政策，必须紧扣《国家中长期教育改革和发展规划纲要（2010—2020年）》中提出的对于教育信息化的要求。

2. 科学性

在进行教育信息化评价指标的选取时首先要确保所设计的评价指标能够科学、客观地反映教育信息化的整体建设情况，真实地反映教育信息化的所有环节和活动要素。

3. 全面性

要求所选取的指标能够较全面地对高职院校教育信息化进行评价，各指标间不孤立、不矛盾和不重复。

4. 简洁性

教育信息化是一项复杂的、多层面的、系统的工程。涉及的问题多、范围广，在对指标进行选择时要尽量保证所选取的指标不能繁琐，并且要能较全面地反映实际情况，选取的指标之间要有逻辑性。

5. 易操作

这些指标能够与高职院校的现有数据进行衔接，能够方便进行数据的获取与统计，并最后获得结果。

6. 稳定性

稳定性原则要求指标一旦确定之后，应在一定时期内保持相对稳定，不宜经常变动，频繁修改。在执行一段时间后，经过总结再进行改进和完善。

7. 长远性

教育信息化是一个动态的过程，是一个不断发展的过程。在对指标的获取上必须有前瞻性、长远性，不是说所构建的指标体系只能是在某一时间段上有效。要确保所构建的指标体系在时间上有一定的延续性。

三、指标体系的建立

1. 建立步骤

指标体系的建立在整个教育信息化体系评价中占据着十分重要的地位，指标体系设立的好坏会直接影响到最后的评价结果。本文设立指标体系的基本思路：翻阅文献，主要包括目前已有的关于教育信息化评价体系方面的文章，国内已经出台的国家信息化指标体系、中国高职院校行政管理与服务指标、城市信息化指标体系方案等。基于高职院校教育行业的特殊性以及选取指标所遵循的原则，通过阅读大量的文献，可以对本文所需要设立的评价指标建立一个初步的框架。在建立评价指标前，首先需要明确评价主体，即建立的评价体系针对的对象是什么。已有研究中对教育信息化评价体系的使用者过于宽泛，以至于设立的指标十分复杂繁琐。许多研究者希望能够提出一个完整的教育信息化评价的指标体系，但是由于地区不同、高职院校个体的不同、评价的目的不同，这样的指标体系往往不能解决问题，背离了评价体系构建的初衷。本文确定的高职院校教育信息化评价体系的使用者就是高职院校的管理者，通过建立评价体系并使用评价方法对高职院校教育信息化进行评价，使高职院校管理者对本校的信息化建设程度有比较宏观和全面的认识和把握，从而制定出适合本校的全面的信息化战略。

2. 指标选择

基于选取评价指标的基本原则，首先大概确定出高职院校在进行教育信息化中最基础的、最重要的几项指标。高职院校教育信息化最主要的问题就是"建"和"用"。"建"是指教育信息化的基础设施建设，"用"指的是教育信息化中资源的使用、应用系统的使用、信息技术的使用等。国家信息化指标体系中明确指出国家信息化体系包括六个要素，即信息资源、国家信息网络、信息技术应用、信息技术和产业、信息化人才、信息化政策、法规和标准。这六个要素构成符合中国国情的国家信息化体系。高职院校行政管理与服务指标体系中设定了六个一级指标，分别是战略地位、基础建设、应用状况、人力资源、安全以及效益指数。高职院校实施《教育信息化十年发展规划（2011—2020 年）》中为了对教育信息化现状及趋势有序地进行描述和分析，在研究时列出了六个要素，即教育信息化基础设施、数字化教育资源、教育信息化技术应用、教育信息化人才培养、教育信息化管理及政策机制、教育信息化产业发展。参考以上指标的选取，结合目前已有的关于教育信息化评价中设立的相关指标，建立评价体系的基本框架，可邀请高职院校行政管理与服务建设专家、教育技术学相关领域教授以及信息技术领域专家，对评价体系框架进行调整和修改。初步制定出高职院校教育信息化体系评价中所包含的一类指标包括三部分：教育信息化基础设施建设、资源及信息化应用系统、信息化机制保障等。在此基础上，再次咨询专家，对评价指标进行了修改，最终确定为包含五项一级指标以及 15 项二级指标的指标体系。

3. 指标体系解释

指标体系分为一级指标和二级指标，一级指标有五项，分别为：基础设施建设、资源建设及应用、应用系统建设及应用、管理制度建设及保障工作、信息化培训及推广。一级指标下又细化为15项二级指标，即全校网络信息点数、服务器数量、主干网络稳定性、高职院校网出口总带宽及总带宽的平均利用率、基础资源建设及应用、特色资源建设及应用、网络/电子课件资源建设及应用、信息化基础平台应用、教学信息化、高职院校一卡通系统建设及应用、远程教育平台建设及应用、信息化管理制度建设、信息化建设经费保障、信息化工作人员技能培训、资源应用系统的应用推广。

基础设施建设是教育信息化发展的基础，基础设施的建设水平在一定程度上反映着教育信息化的建设水平，做好基础设施的建设才能为今后教育信息化的发展打好基础。教育信息化基础设施建设包含的内容很多，主要为全校网络信息点数、服务器数量、主干网络稳定性、高职院校网园出口总带宽及总带宽的平均利用率。

资源建设及应用是在基础设施建设之上的信息化具体应用情况的反映。教育信息资源在提高教育教学质量、挖掘教育的发展潜力上发挥着重要的作用。高职院校教育信息化的目的是让网络、多媒体等先进的手段更好地为教学服务，提高高职院校的核心竞争力，资源建设是可以被教育者和受教育者直接利用的，与基础设施相比，它们更直接，因此这些资源的建设水平和实际的应用情况可以反映出教育信息化的发展水平。基础资源是指高职院校图书馆电子资源建设及其应用，具体包括图书馆电子期刊、电子图书、光盘及网络数据库、多媒体光盘资源、数据库检索及下载等。特色资源是指高职院校是否建立教学资源库、数字博物馆、数字科技馆等一些特色数字场馆。网络/电子课件就包括网络精品课程、电子课件等。

应用系统建设同资源建设都属于信息化的具体应用。信息化基础平台应用是指高职院校的邮件系统、高职院校门户网站及站群管理系统、高职院校办公自动化系统（OA）、人事管理系统、学生管理系统、行政管理系统、科研管理系统、国资管理系统、财务管理系统、档案管理系统、后勤管理系统、校友管理系统、实验仪器管理系统、视频会议系统。基础应用中包含的内容较多，涉及高职院校日常所需要的各种基本的系统。教学信息化包括多媒体辅助设备使用情况、网络考试平台、课程录播系统等。高职院校"一卡通"的应用，可以从根本上改变高职院校管理手段以及管理方式、管理方法，使高职院校的管理工作进入了网络化管理的时代，"一卡通"的建设及使用可以给高职院校管理带来很大的变革。远程教育是一种新型的培训教育方式，远程网络培训和教育以其不受时空限制、信息互动交流和资源共享的特性为高等教育提供了便利性。发展远程教育，开发教学资源，实现优质教育资源的共享，必然会带动高职院校的信息化快速发展。

教育信息化的健康发展必须有好的管理制度来保障，信息化管理制度对发展信息化建设来说是一件非常重要的工作，信息化管理制度在当今世界经济发展中占有重要地位。信息化发展到一定阶段，建设重点就会从系统实施转向以应用提升为主，运维保障、安全机制变得重要起来，这时除了技术的保障外，制度保障更显得重要。

在高职院校教育信息化建设中，信息化的培训及推广有其重要性和必要性。教育部发布的《教育信息化十年发展规划（2011—2020 年）》中专门提出："提升教育信息化领导力。建立教育行政部门、专业机构和高职院校管理者的定期培训制度，开展管理人员教育技术能力培训和教育信息化领导力培训，提升信息化规划能力、管理能力和执行能力，逐步建立工作规范和评价标准。"教育信息化是一项不断更新、不断改进的动态过程，这对教育信息化技术人员提出了很高的技术要求。我们需要不断地去掌握新技术、适应新设备、使用新系统。因此教育信息化的培训工作就显得格外重要。开展信息化培训工作需要有针对性和差异性，对不同工作岗位的人员，根据其实际需要，进行不同类型和不同级别的信息技术培训。就专业技术人员来说，需要通过信息化培训提高专业技术水平，逐步达到国内领先地位；对于任课教师，主要是学习课程信息化整合、信息化技术的应用方面的相关知识，能够通过培训使得信息化技术在教学工作中得到更好的发挥；对于高职院校管理人员来说，通过信息化培训工作掌握系统技术，转变观念，提高管理水平。而且新的资源系统、应用系统建立起来以后，如何提高它们的使用率，如何让大家更好地使用，这期间就包括教育信息化的宣传工作。

随着国家对教育信息化建设的重视不断加深，高职院校教育信息化正在进入发展的成熟期，信息化已经被认为是高职院校创建一流大学的必不可少的指标之一，因此高职院校的信息化程度也越来越受到重视。对高职院校教育信息化的建设以及应用程度进行客观的、综合的评价显得十分必要和迫切；同时，通过对高职院校教育信息化进行全面的评估，为信息化建设部门和管理者了解目前高职院校的信息化程度，明确现阶段存在的问题，找准信息化的发展定位等问题，提供了很好的思路及解决办法。

信息技术在高职院校的应用已经取得了非常大的成效，对其进行具体评价也已经是十分迫切和必需的课题。作为推进教育信息化的一项基础性工作，如何评价高职院校教育信息化的发展水平，不管是从理论上还是从实践上，目前都尚未完全成熟。在过去有关信息化评价的研究中，有的是从宏观角度进行一些理论性的分析，并未制定出具体的评价策略或者评价方法；有的是为了比较全面地概括教育信息化，制定出许多评价指标，但是从具体操作性来看，没有较强的实践性。

第四节 人力资源

一、高职院校人力资源评价分析

人力资源是指能够推动高等教育事业发展，培养专门人才而作用于经济和社会发展的具有智力劳动能力和体力劳动能力并处于劳动中的人们的总称。高职院校的人力资源根据人员类别可以分为正式在册人员、自聘编外人员、离退休人员和劳务派遣人员；根据工作性质类别可以分为管理人员、专业技术人员、工勤人员以及其他从业人员，其中专业技术人员是指具有专业技术职称并从事教学科研或者其他相应工作的专任教师和教辅人员。高等院校不同于高职院校，是非营利性组织，属于公益二类事业单位。所以高职院校人力资源跟高职院校也不尽相同，它除了具有人力资源普遍的特点外，还具有一些特殊性，主要表现在：

（1）高职院校人力资源具有较高学历和专业知识背景。"师者，传道授业解惑也。"大学教师承担着最基本的职责：传授知识，解答疑惑。大学教师必须通过不断提升自我学历，丰富所学专业知识，才能给学生上好课、答好疑。高职院校教师不仅承担着教学任务，还要面临科研压力，所以更需要更高学历背景的支撑。

（2）高职院校人力资源在工作和时间上具有较强的主观能动性和自由性。高职院校教师不同于其他社会组织的一般工作人员，他们以自己的方式把所学、所思、所悟用于教学和科研活动上。他们对知识的更新有着强烈的欲望，不断学习，不断求索，为社会培养高层次的创新人才，同时希望得到高职院校和社会各界的认可。另外，除了行政管理人员需要坐班，高职院校一般专任教师在工作时间上相对自由，除了上课、科研以外，可以有更多的时间自由安排。

（3）高职院校人力资源具有较强的偏好选择。人力资源的合理流动可以优化人力资源配置，使人力资本实现最有效率和最获利的使用。高职院校教师依靠自身人力资本丰厚的储备，具有更大的优势和较强的竞争力，这也是目前高职院校中普遍存在的人才流失现象。

二、高职院校人力资源管理的特征

高职院校是吸引人才、培养人才、用好人才、产出人才的重要基地。高职院校人力资源管理的内涵所在就是要将这三点管理好，发挥好。如何发挥教职工的自身潜能，做到人岗匹配，培养高层次人才并让其用于对学生的培养，科研成果的产出才是人力资源管理的精髓所在。一所高职院校的人力资源是这所大学的基石，一所高职院校的人力资源的数量和质量是这所大学的灵魂，决定着高职院校生存力和竞争力，制约着高职院校能否向着更高的层次迈进。有形资产、人力资源和文化内涵构成了大学的三要素，其中人力资源是关键。高职院校管理系统是由诸如教学系统、科研系统、人力资源管理系统、后勤管理系统等子系统共同构成，各系统的运作都需要人力的支撑和保障，各系统运作的效率取决于各部门教职员工的整体素质和协作能力。所以，高职院校各项管理系统，都离不开人力资源管理系统。正是由于高职院校人力资源类型的多样性、工作环境与工作性质的特殊性，使得高职院校人力资源管理与一般机构、高职院校相比具有一定的特殊性，主要体现在以下方面：

1. 管理对象复杂

高职院校教职员工有管理人员、专任教师、教辅人员和后勤服务人员。他们的文化程度不尽相同，他们的工作性质、岗位职责、考核标准、工资结构都有着一套结构化的标准。高职院校人力资源管理，一方面是要调动全校教职员工的工作积极性，另一方面还需要做好诸如与科研、行政、后勤、财务等部门的协同合作、协同管理才能更好地发挥出人力资源管理的效率。可想而知，其管理的复杂程度、难度之大不言而喻，这也是目前我国各高职院校人力资源管理的普遍现状。

2. 激励机制较复杂

高职院校人力资源丰富，有专业技术人员、管理人员、工勤人员，不同的人员类别具有不同的工作性质。专业技术人员主要从事教科研工作，管理人员负责高职院校的行政管理工作，工勤人员主要提供后勤保障服务。不同的工作性质就需要建立一个以绩效考核体系和薪酬制度为基础的激励机制。高职院校的激励机制需要采用精神激励与物质激励相结合的激励方式，相对于其他机构来讲更加复杂。

三、高职院校人力资源管理绩效评价的内涵

高职院校人力资源管理绩效评价的科学内涵可以做如下定义：从广义上说，它是指对高职院校人力资源管理活动的实施效率和效果的评价，考评人力资源管理工作是否为促进高职院校事业发展做出贡献。从狭义上说，它包括对人力资源管理各项职能行使情况、人力资源管理活动实施的效果以及对人力资源管理工作者能力、素质各方面的评价。人力资源管理绩效不等同于人力资源管理工作取得的成绩。高绩效是成绩与效率的统一，在高额成本投入或是资源浪费下取得的成绩并不是高绩效的人力资源管理。取得优异成绩的同时兼顾效率，降低投入产出比，优化人才资源配置才是高职院校人力资源管理促进高职院校事业发展之路的大势所趋。高职院校人力资源管理绩效评价既是对管理过程的评价，又是对管理效果的评价，是效率与效果的统一。管理过程是高职院校人力资源管理部门行使其职能的过程。职能行使的效率首先由人力资源管理的能力和意识决定，效率可以用投入产出比来衡量。投入产出比越低，效率越高，人力资源才会得到有效配置和利用。另外，高效率的人力资源管理要在满足教职工需要的前提下才能产生好的效果。

四、评价体系构建原则

1. 系统性原则

高职院校人力资源管理是项系统性的工作，它影响高职院校

的整体竞争力，服务并管理在校所有教职工，其业务项目繁杂、涉及部门多，一些工作往往需要协同各部门才能完成。因此，对高职院校人力资源管理绩效进行评价，就要遵循系统性原则，既要抓大放小，着力于重点，又要兼顾全局，力求完善。在选取评价指标时既要系统地、全面地考虑影响人力资源管理绩效的各方面主客观因素以及人力资源管理部门的各项职能，又要统筹兼顾全面考察人力资源管理各项评价指标间的关系，明确各项指标的权重，使得评价体系科学合理。

2. 科学性原则

在构建评价体系时必须遵循科学性原则。纳入高职院校人力资源管理绩效评价的每一个指标都要有明确的内涵和科学的解释。对于评价模型的构建、评价指标的确立、指标权重的确定以及评价方法的选择等各个环节都要实事求是，既要符合高职院校人力资源管理的实际情况，又要满足高职院校发展的客观需要。评价结果要经得起实践的检验。

3. 客观性原则

高职院校人力资源管理绩效评价体系的构建应从高职院校人力资源管理工作的实际出发，实事求是，客观可行。每一个指标的设定都应具有现实意义。指标既不能过高或过低，也不能过繁或过简，尽量减少主观臆断、个人因素的影响，否则都达不到预定的目标。

4. 可操作性原则

虽然高职院校人力资源管理涉及的内容很多，能用于评价其绩效的指标也很多，但在指标选取和体系构建时都应该做到简单易行，容易操作。只有具备可操作性，设计的评价体系才真正具有实用性。可操作性具体包含以下内容：一是评价指标容易操作，二是指标的内容容易获得，三是评价结果一目了然。

五、构建方法

1. 德尔菲法

在明确了研究所要遵循的基本原则以后，我们将根据先前建立的高职院校人力资源管理绩效评价的理论模型，去选定各项评价指标并对其赋予权重。德尔菲法是在 20 世纪 40 年代由赫尔姆和达尔克首创，经过 T. J. 戈登和兰德公司进一步发展而成的。德尔菲法又称专家意见法或专家规定程序调查法，是采用匿名发表意见的方式，逐轮征求专家们的意见，最后由调查者进行综合分析确定结果的方法。在征求意见时，专家之间不见面，不互相沟通，专家只能与调查人员联系，以函件的形式提交意见，这样就既消除了权威的影响，又保证了专家间意见的相互独立性。在征求意见后，调查者会对意见进行整合梳理，再将整合后的结果反馈给专家们以供他们参考，专家们则会根据反馈来的情况继续修改自己的观点。如此这般，经过数轮反复征询意见和反馈，最终使得专家组成员的意见逐步趋向一致，最后获得具有很高准确率的集体判断结果。由于德尔菲法具备的这些特点使得它被广泛应用于各类指标体系建立以及具体指标的确定过程。同样可以使用德尔菲法来确定高职院校人力资源管理绩效评价指标。首先，邀请研究高职院校人力资源管理的专家和从事高职院校人力资源管理工作的人员组成一个评议专家组。然后，征询专家意见，初步确定评价指标。经过多轮征询、整理、反馈，最终确定纳入高职院校人力资源管理绩效评价体系的关键指标。

2. 成分分析（AHP）

层次分析法，简称 AHP，是指将与决策总是有关的元素分解成目标、准则、方案等层次，在此基础之上进行定性和定量分析的决策方法。层次分析法是将决策问题按总目标、各层子目标、评价准则直至具体的备择方案的顺序分解为不同的层次结构，然后用求解判断矩阵特征向量的办法，求得每一层次的各元素对上一层次某元素的优先权重，最后再加权和的方法递阶归并各备择方案对总目标的最终权重，此最终权重最大者即为最优方案。关键指标确定后，继续征询专家的意见，使用层次分析法得到各指标的权重。

3. 模糊综合评价法（FCE）

模糊综合评价法是一种基于模糊数学的综合评价方法，它根据模糊数学的隶属度理论将定性评价转化为定量评价。这种方法适用于解决受到多种因素制约的事物或对象的总体评价，尤其适合处理模糊的、难以量化的问题以及各种非确定性问题的解决。模糊综合评价法人力资源管理、教育评估、安全管理等多个领域得到了广泛应用。在评价指标和指标权重确定之后，高职院校人力资源管理绩效评价体系已基本建立，下一步在应用体系对高职院校人力资源管理进行测评时需要使用模糊综合评价法确定评分标准和所对应的分值，让测评人对各指标进行打分，最终综合各测评人的结果计算加权得分。

评价体系在确定了研究的理论模型、研究原则和研究方法后，需要运用以上的理论模型、原则和方法去构建高职院校人力资源管理绩效评价体系。构建绩效评价体系，大致可分为两个步骤：一是要确定能评价人力资源管理水平和效果的指标，二是要确定这些评价指标所占分量有多少，即权重。

六、高职院校人力资源管理绩效评价指标的确定

从构建的理论模型出发，请专家们集思广益，各抒己见。在整理了专家的意见后，同时参考了大量国内外相关研究文献后，得出以下指标体系：

表 8-1　人力资源管理绩效评价指标

一级指标	二级指标	三级指标
人力资源管理绩效	战略职能 （战略指挥官）	人力资源战略与规划
		组织变革
		文化战略管理
		机构设置
	业务职能 （行政管理专家）	政策制定和落实
		岗位设置和聘用管理
		人才与师资队伍建设
		绩效考核
		薪酬福利
		员工关系管理
		人事管理系统和人事档案管理
	人力资源管理效果 （员工代言人）	校领导满意度
		教职工感受
		教职工满意度
		参与和交流

对高职院校人力资源管理绩效的评价从绩效的两个概念出发，即行为和结果。行为在这里指高职院校人力资源管理的战略职能和业务职能的执行情况。结果在这里指的是通过人力资源管理的实施所产生的效果。整个体系包含三个层次：总目标层为高职院校人力资源管理绩效；子目标层包含人力资源管理的战略职能、业务职能和人力资源管理效果；关键因素层描述人力资源管理战略层面和业务层面的主要内容以及校领导、教职工的满意度、教职工感受等人力资源管理效果指标的评价。

从高职院校人力资源管理的职能维度来考察人力资源管理工作的绩效是最直观、最全面地体现人力资源管理工作实效的方法。在这里我们将其职能划分为战略层面职能和业务层面职能。首先分析战略职能，人力资源管理战略职能是高职院校人力资源管理最重要的职能，是一所高职院校的灵魂和核心，扮演着高职院校战略指挥官的角色。

（一）战略智能

1. 人力资源战略与规划

人力资源战略与规划是指高职院校的人力资源管理部门根据高职院校的整体情况、发展思路及发展目标而制定的与高职院校整体战略相一致的人力资源战略与规划。要发挥人力资源在高职院校发展中的作用，就必须制定一个立足于长远发展的人力资源战略与规划。在制定战略规划之前，要对高职院校现有的人力资源规模和结构等现状进行论证分析，找出问题，预测高职院校的人力资源需求，再对症下药。在制定战略规划时，要将目光放得更远,切不可头痛医头、脚痛医脚。盲目行事也许暂时能缓解症状但对于高职院校的长远发展可能是不利的。人力资源管理部门还应实时参与高职院校的整体战略规划,以便积极做出调整,提供人力资源管理支持。根据其参与高职院校战略规划的程度和按时完成人力资源战略规划的程度来判断该职能的完成情况。

2. 组织变革

高职院校为了响应国家政策的号召,为了适应市场经济发展的要求,都会经历一定程度的转型或者变革。组织变革的核心是人和人的价值观念的变革。人力资源管理部门要站在战略的高度积极参与和推动高职院校的组织变革,根据组织变革的要求实时调整人力资源管理机制、制度、流程和方法,要对教职工给予更多的关怀,充分发挥人力资源在组织变革中的作用和潜力。从职能的角度来看,组织变革是人力资源管理战略职能中的一部分,它不仅是人力资源管理部门的事,也是各部门、各学院的分管人事的管理者的职责所在。在高职院校,成功的组织变革首先要让教职工从思想上认识到变革的必要性和重要性;其次是在变革过程中对组织产生信任和认同,并全力以赴地投入;最后,变革的效果要满足广大教职工的根本利益。在组织变革中,人力资源部门是一个牵头部门,它的职责不仅要更主动地参与到组织战略的规划中来,更重要的是要能够为高职院校带来新的变革理念、具体方案和资源,从参与组织变革转变为创造组织变革。人力资源部门管理人员要时刻关心教职工,并将他们的诉求和期望体现到组织变革中来,当组织变革成为教职工自己的事而不再是被要求的事时，教职工的潜能和热情才会被调动起来，无形中增强了教职工的组织认同感。如果说人力资源部门是一个宏观的管理者，那么更多的细节工作还要靠与教职工接触最为紧密的所在二级单位的直线管理者。这些直线管理者就像人力资源部门与教职工的桥梁，承担着大量具体的人力资源管理工作。当人力资源部门有任务向下分配时，就需要直线管理者的积极配合，才能保证任务按质按量顺利地完成。有些规模比较大的院系，分管人事的院领导、人事秘书每天要面对本院几百名教师的工作量，可想而知，他们在组织变革中所起的作用完全不亚于人力资源部门。如何正确发挥他们在组织变革中的引导和激励作用，应注意以下几个方面：

第一，积极主动地将教职工的所思所想向上级反映。

第二，在与教职工的沟通中要认清自己的角色，要以授权而非命令的方式与人沟通。

第三，正确树立大局意识和增强自身责任意识，积极配合协同人力资源部门做好高职院校的组织变革，做到不推诿、不扯皮，不要将目光局限于眼前的利益。

3. 文化战略管理

文化是民族的血脉，是人民的精神家园。高职院校文化战略是大学文化的指明灯，是高职院校战略布局下的关键核心。十八大以来，以习近平同志为核心的党中央高度重视文化建设，多次提出了新思路、新观点、新要求。2014年，从习近平总书记提出的文化强国大战略就可以充分体现出精神文化力量对于中国梦的实现意义非凡。党的二十大报告着重强调全面建设社会主义现代化国家，必须坚持中国特色社会主义文化发展道路，增强文化自信，围绕举旗帜、聚民心、育新人、兴文化、展形象建设社会主义文化强国。在这种大环境大背景下，高职院校要谋求发展必须将文化管理提升到战略的高度，将文化管理纳入战略性人力资源管理当中。

高职院校战略人力资源管理下的文化战略管理就是在高职院校战略目标的实现过程中建立的共同价值观，通过价值观的带动让每一名教职工规范自己的行为，发挥自己的绩效，形成一种高职院校文化氛围或是精神风貌，从而推动高职院校整体绩效的提升。

高职院校在制定某项人力资源管理战略后，必然会对现有文化造成冲击，会影响着教职工情绪和行为方式。所以，在高职院校实施战略之前，一定先对现有文化进行分析，预测战略实施后造成的文化变化给高职院校发展带来的阻力。只有这样，当战略实施后就能及时地采取行动，变革不合理的地方，确定与高职院校战略相适应的文化。营造教师和高职院校共同价值观：人力资源管理的职能不仅仅在于协调处理好教师和高职院校的关系和事务，更重要的是营造一个教师和高职院校的共同价值观，将它渗入到每一名教职工的价值观中，使高职院校目标与个人目标达到统一。这种无形的内聚力量往往比制度化的条文更加有效，并且也更容易增强教职工的归属感和认同感。展现高职院校自身良好形象，高职院校形象是大学文化的综合反映和外部表现。对内，它是高职院校的精神支柱，它具有强大的凝聚和激励作用；对外，它是地方文化软实力的重要体现，既能为地方文化建设添砖加瓦，又能吸引外来人才，提升高职院校自身人力资源竞争力。所以说，

一所高职院校能否从战略高度，创造良好的高职院校文化，是高
职院校人力资源管理战略职能的重要体现之一，也是评价高职院
校人力资源管理绩效的重要指标之一。

4.机构设置

无论是机关还是高职院校等都需要机构设置这一项职能，它
的功能是设计组织结构，一般这项职能由人力资源管理部门负
责。如何评价高职院校机构设置的合理性、成效性主要包括以下
方面：

（1）机构设置是否科学化、制度化，从现在很多高职院校的现
状来看，增减机构主观随意性较为严重，有的根本没有进行过科
学的论证，甚至没有政策的依据，比如，有的高职院校为了解决
干部提拔的问题，多设置了一些不必要的机构，导致组织机构冗
杂，人浮于事，资源浪费，成本增加。

（2）高职院校是否根据自身定位设立机构。我国高等高职
院校有大学、专门学院、高职高专院校。不同层次、不同地方
的高职院校都有着自身的发展历程和特色，应该有着与之相适
应的机构设置。每所高职院校在机构设置上都必须结合自身的
历史、类型、发展侧重点和区域环境来进行。例如，一些地方
特色应用型大学就不同于一般研究型大学，虽然他们都要承担
教学、科研和服务社会的职能，但显然他们的侧重点有所不
同。这必然导致内部管理结构的差异。对于这些地方特色应用
型大学在进行机构设置时，就不能简单地模仿传统大学的机构
设置模式。

（二）业务职能

高职院校人力资源管理的业务职能是人力资源管理部门的一些基础业务和一些日常事务性工作，主要可以概括为七大类：政策制定和落实、岗位设置和聘用管理、人才与师资队伍建设、绩效考核、薪酬福利、员工关系管理、人事管理系统和人事档案管理。它们是人力资源管理绩效的过程表现，也是人力资源管理职能的主要表现形式。通过这些人力资源管理活动的实施才能保障人力资源管理战略规划的顺利完成，才能不偏离高职院校的整体发展战略。

1. 政策制定和落实

人力资源管理部门应贯彻执行党和国家人事人才工作的方针、政策，以及落实上级主管部门有关人事人才工作的指示和决定。当国家或上级部门对某项人事政策有了明文规定，高职院校制定的政策必须首先服从于国家和上级的政策规定，在此基础之上可以酌情进行修改和发挥。

在人力资源管理部门制定某项政策时一定要在全校范围内进行多轮征询意见和讨论，要让广大教职工参与到政策的制定中来，多听取他们的意见和建议，然后再上会讨论形成初步方案，再将初步方案下发讨论，进行多轮征询，总结修改意见，最后形成最终实施方案。对于有些重大的人事制度改革还应当去外校进行多方调研，吸取别人做得好的地方，并且协同高职院校其他相关部门共同参与政策的制定。只有按照这种科学化、规范化的政策制定程序，才能避免人力资源管理部门闭门造车，才能制定出

有利于教职工职业生涯发展、有利于高职院校发展战略的人事
政策。

政策的落实情况往往比政策的制定更加重要，政策制定得再
完善，没有去严格地遵照执行，那么所谓的政策也就变为一纸空
文。在这里所要强调的"严格执行"指的是执行政策要公开透明，
按规矩办事，切不可看人办事，一旦坏了规矩，就会带来不必要
的纠纷和麻烦。

2. 岗位设置和聘用管理

岗位设置与聘用管理工作是当前高职院校人事制度改革的中
心任务。当前高职院校的岗位类别分为专业技术岗、管理岗和工
勤技能岗三种。专业技术岗位分高级岗位、中级岗位和初级岗位。
管理岗位分为 10 个等级，工勤技能岗位包括一至五级技术工和普
通工。高职院校根据事业和学科发展需求，自主设置岗位类别结
构比例，确定各岗位职责和任职条件，自主聘用各岗位人员，并
与聘用人员签订聘用合同。岗位设置和聘用管理是高职院校人力
资源管理工作得以开展的基本要素。岗位设置的作用就是确定高
职院校的岗位类别结构比例以及各类别中职级结构比例。岗位聘
用与管理则是依照各类岗位的聘用条件和任职条件对全校教职工
进行岗位聘用，签订聘用合同，进行聘期考核，等等。所以岗位
设置和聘用管理是人力资源管理工作能够取得高绩效的重要前提，
是衡量高职院校人力资源管理绩效的重要因素。教职员工如果在
这一环节配置不到位、不合理，那么会对后续的职位晋升、岗位
变动、绩效考核、薪资发放等人力资源管理工作会产生很大的阻
碍，同时也影响了教职工的职业生涯发展。

3. 人才与师资队伍建设

人才与师资工作体制机制是否健全和完善，是做好人才与师资队伍建设的核心。高职院校应牢固树立"人才资源是第一资源"的观念。把人才与师资工作列入高职院校党政工作的重要议事日程。观念决定方向，方向决定出路。高职院校党委领导对人才与师资工作的重视程度能够提高教职工的工作积极性和归属感，影响着教职工的满意度，从而影响高职院校人力资源管理绩效。教师职称和年龄结构要合理，要保证学科专业教学团队和科研梯队的可持续发展；学历结构方面，具有博士学位的教师人数是否满足高职院校人力资源发展需求，教师队伍学缘结构是否合理。这些指标影响着高职院校师资队伍平稳快速可持续地发展。高职院校在人才引进时如果能够合理地采取多手段的引进方式，能够大幅提升人才引进的效率，从而能够引进到更多的人才。高层次人才短缺是目前众多高职院校面临的一大问题，尤其在一些普通地方高职院校，高层次学科带头人数量较少，在国内外有较大影响的大师级拔尖人才极其缺乏，引进和培养高层次人才工作实施难度大、进展缓慢，高层次人才非正常流失的风险因素仍然存在。所以探索出多元化的人才引进方式，是解决这一问题的必要途径。例如，鼓励以短期聘用、兼职、合作研究、项目招标、技术指导等方式，大力引进重点学科紧缺急需的高层次人才和智力，做到引才与引智紧密结合，探索高层次人才引进方式的新突破，多渠道、多形式地做好高层次人才引进和智力引进工作。

一所高职院校是否具备良好的培训机制应从以下几点进行评价：第一，高职院校是否尊重教师进修学习的选择、为教师提供更宽松的学习环境；第二，有无制定合理的访学进修方案并给教师提供多方位的培训教育和经费支持；第三，对管理人员能否提供卓有成效的业务培训。首先，对于教职工个人来说，良好的培训能够提高科研和教学水平，为其未来发展打下坚实基础；其次，培训使得教师知识水平和个人能力的提升也使得学生获得了更优质的教育和培养；最重要的是，它减少了不希望的人才流失，提高了教职工满意度和人力资源管理绩效。因此，高职院校能否培养造就一支师德高尚、业务精湛、结构合理、充满活力的高素质专业化教师队伍是评价高职院校人力资源管理绩效的一项重要指标。

4. 绩效考核

绩效考核制度是高职院校制定薪酬福利办法、职称评聘制度的基础，也是高职院校进行各项人事决策的基础，它的目的一方面是对教职工的聘任、薪资发放、奖惩提供客观的依据，鼓励教职工更好地履行自己的岗位职责；另一方面在于鼓励先进，促进教职工业务和综合素质的不断提高从而提升高职院校的整体绩效。良好的绩效考核评价体系，能给高职院校上级管理者提供一个系统考察教职工的工作量完成情况的方法，使管理者们通过这个系统来改善教职工的工作绩效。同时，以绩效考核评价体系为基础的薪资或晋升决策能够提高教职工的积极性，把教职工的不满意与流动降到最低，增强高职院校的竞争优势。因此，高职院校绩效考核制度的科学、合理程度，在执行绩效考核过程中的公平、公正程度以及绩效考核结果反馈给每一名教职工的及时性都将影响着教职工满意度，从而影响高职院校人力资源管理绩效。

5.薪酬福利

高职院校教职工薪酬福利一般是由基本工资、国家规定的津补贴、高职院校自主发放的津贴以及其他福利待遇等项目构成。基本工资是根据教职工的职务等级、职称大小按照国家规定的标准发放。高职院校自主发放的部分则是根据上级有关文件规定，结合高职院校自身实际，自主设定方案，遵循以岗定薪，优绩优酬的原则，旨在调动广大教职工的工作积极性和创造性，推动高职院校人力资源管理又好又快发展。一套科学合理、具有激励机制的薪酬福利制度是以提高人才培养质量和科学研究水平为导向，以效率优先、兼顾公平为核心，富有激励和约束作用的薪酬制度。从物质层面说，薪酬福利能够满足教职工生活的基本需求；从精神层面，它又是教职工实现自我价值体现，获得尊重感的基本途径。薪酬实际发放能否严格执行薪酬制度、能否做到公平一致以及福利保障制度的完善，直接影响教职工的满意度。

6.员工关系管理

高职院校员工关系管理，从广义上讲，是高职院校通过制定和实施各项人力资源管理政策和管理行为，以及其他的管理沟通手段调节高职院校与教职工、教职工与教职工之间的相互联系和影响，确保高职院校教职工都能积极投入工作，提高个人绩效。从狭义上讲，高职院校员工关系管理就是高职院校与教职工之间的沟通管理，通过采用更丰富的、柔性的、激励性的、非强制性的沟通手段，从更人性化的角度出发，提高高职院校教职员工的满意度和对高职院校的忠诚度，减少教职工离职率，营造一个积极向上的、正向发展的员工关系，进而支持高职院校其他管理目标的实现。一个和谐的人校共发展的高职院校员工关系的形成取决于一套合理的员工关系管理体系。高职院校员工关系管理体系主要包括劳资关系管理、员工人际关系管理、沟通管理、员工劳动纪律管理、高职院校文化塑造、心理咨询服务、轮岗交流管理等。体系中的每一项、每一个环节、每一个细枝末节都需要高职院校领导和人力资源管理者的重视和关注，需要高职院校与教职工的沟通和协调。因此，教职工的出勤率、自愿离职率、教职工的组织承诺程度、高职院校与教职工之间以及教职工之间的沟通程度、高职院校劳动纠纷数量都能反映出高职院校的员工关系管理水平，进而体现出高职院校的人力资源管理绩效。

7. 人事管理系统和人事档案管理

人事管理系统和人事档案管理在高职院校人力资源管理过程中的功能性以及它们对于提升高职院校人力资源管理绩效的重要性是密不可分的。传统的高职院校人事管理要想逐步实现真正意义上的人力资源管理，就需要人事管理系统的支持。高职院校人事管理系统操作简便、方便快捷，避免了日常人事管理工作中大量的查阅档案、调取资料等不必要的重复性工作，减轻了高职院校人力资源管理工作人员的工作量，大幅提升了办事效率。同时，高职院校人事管理系统能够更加清晰、直观地反映在校的每一名教职工的个人履历、工资、职称职务变动情况等信息，为校内其他管理系统提供数据支持服务，为高职院校制定发展战略规划提供必要的决策支持。高职院校人事档案是人力资源管理工作者了解教职工个人基本信息、工作经历、职称职务变动、工资信息的依据，为高职院校做出人力资源管理各项决策提供原始信息支持。高职院校人事档案管理工作具有专业性、复杂性和特殊性的特点。人事档案管理是一项非常重要的工作。做好人事档案管理工作是提升高职院校管理现代化、信息化程度，深化高职院校人事制度改革的重要保障。因此，高职院校人事档案管理中人档分离现象的数量、归档材料完整程度、档案管理的规范程度、人事档案信息化、电子化程度等都是衡量高职院校人事档案管理绩效的评价指标。

（三）人力资源管理效果

人力资源管理效果是指人力资源管理各项职能行使后所产生的直观的效果，或者说评价结果。

1. 校领导满意度

高职院校教师可以对校级领导班子工作满意度进行测评打分，同样，校领导也可以对其领导下的部门进行评价。高职院校人力资源管理部门与校领导的接触较多，很多党委会、校长办公会的议题都需要人力资源管理部门的参与。其制定的规划和制度是推动高职院校发展的关键。校领导作为高职院校的领导核心，他们对人力资源管理部门工作所取得的成绩、表现、创新性、积极性、部门处级干部的业务水平和领导能力等指标进行打分评价不仅具有说服力，而且对于人力资源管理部门找准自身存在的问题、理清发展思路、提高管理绩效是很有意义的。

2. 教职工感受

从教职员工的感受维度来考察，就是要考察教职工复杂的内心感受，以此来反映高职院校人力资源管理工作作用于教职员工的效果。这种感受不仅仅局限于满意度层面，而更多的是教职工的内心活动和外在表现以及对外界事物的态度。这是因为，高职院校人力资源管理绩效，不单单是体现在高职院校人力资源管理工作自身的完成情况，更重要的是体现在这些管理活动是否为教职工所接受，是否深得人心，让教职工觉得在高职院校工作有干劲、有盼头，是否让教职工感受到高职院校对他们的关怀和认可。诚然，在高职院校，一项制度的实施并非能让所有人满意，但只要它能满足绝大多数人的利益，即便短期难以取得效果，从长远角度看，一定是有利于高职院校良性发展的。结合高职院校工作实际，对高职院校人力资源管理绩效具有决定性作用的教职工感受因素，包括教职工对高职院校的忠诚度、对工作的认可度、工作积极性等。

（1）对高职院校的忠诚度

教职工对高职院校的忠诚度是指教职工愿意留在高职院校工作，尽心尽力为高职院校奉献的心理归属程度。一个人在一个地方干五年、十年不算多，如果干一辈子直至退休就说明了他是绝对忠诚于高职院校的。对于这类爱校的教职工，高职院校应当给予适当的激励机制，鼓励教职工留在本校，培养他们对高职院校的忠诚度。尤其对于高层次人才，如果能够长期为高职院校服务，一方面有利于高职院校师资队伍梯队建设，有利于学科团队建设，从另一方面也节约了高职院校培养人才的成本和招聘新人的成本。随着我国高职院校的规模和数量不断扩大，高职院校对人才的需求日趋激烈，各个高职院校纷纷加大人才引进力度。巨大的需求必然导致人才的流动性增强。但就高职院校个体来说，如何留住人才是高职院校人力资源管理部门的首要任务，也是降低高职院校人才培养成本的必然要求。因此，高职院校人力资源管理工作必须关注教职工忠诚度的问题

（2）对工作的认可度

教职工对工作的认可度，是指教职工对自己所在岗位的接受程度和对工作的热爱程度。教职工对工作的认可度与他的能力和所在工作岗位的匹配度密切相关。影响教师对工作的认可度有很多因素，以专任教师为例，教师所在学院的教科研环境、教学科研压力等客观条件是教师认为工作是否可以继续下去的基础。同时，来自社会各界、高职院校领导、同行和学生的认可是其对工作认可度的另一个因素。当教职工认为某项工作适合自己时，其工作的态度就会相对比较积极。而反之就会产生厌倦的情绪和懈怠、拖沓的行为表现。

（3）工作积极性

一般情况下，教职工对自己的工作岗位认可度比较高时，他就会积极主动地去完成任务，承担责任。两个工作能力相当的教职工，谁的工作积极性越高，则他的个人绩效越好。相反，一个人在工作中表现懈怠，那么其工作业绩不可能突出。以高职院校行政工作人员为例，干行政管理工作，如果工作积极性不高，办事拖沓，消极怠工，甚至以"过一天算一天""领导不催就偷懒"的心态去对待工作，应付工作，那么管理工作的质量就会大大下降，服务效果自然不会得到教职工的好评。因此，如何提高高职院校行政管理人员的工作积极性是高职院校人力资源管理中的一个难题。影响教职工的工作积极性的因素有很多，除了工作本身、个人成就动机以及领导、同事的影响，在高职院校影响教职工工

作积极性最大的因素还是激励因素。根据高职院校人力资源的特点，对其采用物质激励和精神激励相结合的方式可以提高教职工的工作积极性。教职工的工作积极性高不高，决定了教职工会不会主动提高自己的教学水平给学生上好课，会不会主动进行科学研究，会不会努力提升自己的管理水平和服务态度。所以，高职院校人力资源管理应当采用合理有效的激励措施，去激发教职工的工作积极性。教职员工的工作积极性如何，反映了高职院校人力资源管理的水平如何。

（4）人际关系融洽度

教职员工之间的人际关系融洽度与文化战略管理下营造的文化氛围和共同价值观以及和二级单位的工作环境密切相关。在好的高职院校文化的熏陶下，在一个好的大环境下，上下级之间、同事之间、教职工之间的关系会变得更加和谐。另外，人际关系与管理艺术也是分不开。管理艺术，指的是既不能过于平均，没有竞争机制，让人不思进取，产生消极的工作环境，又不能过分竞争，造成同事间关系紧张、引发不良竞争。所以，人际关系融洽度的高低可以侧面看出高职院校人力资源管理工作水平如何。

3. 教职工满意度

教职工满意度的维度考察的是教职工对高职院校人力资源管理工作的接受程度。教职工对人力资源管理活动的接受程度，能很好地反映管理活动开展的效果如何。高职院校的绩效考核制度由借鉴高职院校管理的绩效考核制度并结合高职院校自身特点发展而来。绩效考核的初衷是为了让教职工更好地在自己的岗位上做好自己的工作，调动教职工的工作积极性，促进教职工水平的不断提高和职业发展。考核结果作为教职工收入分配、职称晋升、评奖评优的评判标准和依据。合理的绩效考核制度能够对教职工起到很好的激励作用。不合理的绩效考核制度则会打压教职工的工作积极性和创造性，从根本上损害高职院校的利益。教职工对于绩效考核制度评价最大的问题是公平问题。绩效考核办法只有让教职工感到是公平公正的，才有实施的可能。如何兼顾高职院校各类人员的绩效考核标准，如何考核管理人员，如何制定各系列各级人员的绩效考核工作量，例如科研工作量、教学工作量的权衡，如何考核双肩挑人员，这些都是高职院校绩效考核中的难点。这些问题的疏忽都将影响教职工的满意度，不利于高职院校向着正确的导向发展。

薪酬满意度，是指教职工作为高职院校人力资源要素的主体，把从高职院校那里获得的各项报酬与他们内心所期望的"应得报酬"做了比较后而形成的心理状态。这种心理落差越大，则教职工对薪酬的满意程度越低，对教职工的工作影响越大。高职院校教职工的工资结构一般分为基本工资和绩效工资两大块。基本工资由岗位工资和薪级工资构成。岗位工资是根据教职工的岗位类别、岗位级别来确定。基本工资标准是根据国家颁布的事业单位工作人员基本工资标准统一确定的。绩效工资主要依据绩效考核结果来发放，主要体现按岗定薪，多劳多得的理念，使教职工的收入与岗位职责、工作业绩、实际贡献相挂钩，鼓励创新创造。所以，绩效工资部分分配是否公平合理，才是广大教职工对薪酬满意度的焦点所在。如果教职工的有效工资不能与教职工的工作劳动量成正比，与教职工心理期望值相差太大时，这不仅会挫伤教职工的工作积极性，甚至可能使教职工转投他处，造成不必要的人才流失。所以，薪酬满意度是评价高职院校人力资源管理绩效的一个重要指标。

教职工对人力资源管理者的胜任力满意度主要包括教职工对人力资源管理者的业务水平、服务意识和态度、沟通协调能力的评价。人事部门就好比是教职工在高职院校的家，因为人事部门是与教职工接触最多、与教职工职业发展挂钩最多的部门。人力资源管理者每天都要接触大量来自教职工的咨询和服务工作，可以说他们就像高职院校的"员工代言人"。他们的业务水平、业务熟悉程度决定了办事的效率，他们的服务意识和态度决定了教职工的信任和满意程度，他们的沟通协调能力是人力资源管理工作者一个必备的素质，有时可以化解误会甚至纠纷。总之，人力资源管理者的胜任力对提高教职工满意度、提升人力资源管理绩效起着至关重要的作用。

4. 参与和交流

高职院校教职工参与高职院校各项决策的管理是高职院校人力资源管理中不可或缺的一项体制机制。参与管理主要包括教职工参与高职院校管理的制度化程度、教职工实际参与到高职院校整体规划、政策制定中的程度。高职院校教职工作为高级知识分子，参与意识、参与能力以及把自己当成高职院校的主人翁的愿望都很强烈。高职院校教职工参与高职院校管理的制度化程度不仅体现了高职院校的民主化程度，也是现代高职院校人力资源管理水平的一个重要体现。高职院校各类教职工能渗透到高职院校的每一个角落，一些细枝末节的问题往往是高职院校管理层不易察觉的。这些细节的发现有助于高职院校整体绩效的提升。对于事关高职院校发展的重大决策应该广泛征求教职工意见，让教职工真正参与到决策中来。促进教职工间、教职工与高职院校间的沟通交流主要包括教职工与行政部门间沟通需要加强，行政部门应主动并及时公开宣传高职院校最新的文件和制度政策，将信息公开透明，预防暗箱操作的发生，避免信息不对称带来的老师对于高职院校的误解，加深教师对于高职院校政策的理解和把握，淡化高职院校的行政官僚氛围。另外，对于加强教职工间的沟通交流，高职院校应该建立相关信息交流平台，如可以建立高职院校的微信公众号、官方微博或者限于校内的交流平台，加强交流与合作。

第九章

加强高职院校行政与服务
人员信息化管理与培训

第一节　树立先进的信息化管理理念

信息安全管理思维就是对信息安全管理活动的客观认识。它是高职院校信息安全管理工作的起点，是信息安全管理策略制定的方向标。这个管理思维不能只停留在某一阶段、某一时期，而是应该充分结合发展的特点、规律及发展趋势，做到与时俱进。

一、转变重技术、轻管理的观念

一些高职院校信息化建设起步比较晚，在构建信息安全管理体系方面还存在不够。在信息安全管理思维方面，偏重安全技术，认为只要安装了专业防火墙、装了杀毒软件、防毒软件等，就可以高枕无忧，抵御一切安全威胁。因此，在管理思维方面，明显地弱化了管理的作用，所以在信息安全管理制度的落实等方面大打折扣。可以看到信息安全防护技术到位的同时，仍有可能发生学生信息泄露的情况，这就要归因于管理没有发挥好作用。技术防护与安全管理是信息安全管理的组成部分，只有将安全技术与安全管理有机地结合起来才能发挥出信息安全管理的作用。因此，要积极转变安全管理思维，转变"重技术、轻管理"的观念。

高职院校在信息化建设中普遍存在"重技术投入、轻管理优化"的现象，导致资源浪费、系统割裂、应用效果不佳等问题。要真正转变这一观念，需从管理机制、文化塑造、流程重构等维度入手，构建"技术与管理并重"的治理体系。高职院校信息化管理观念的转变，本质是从"技术工具思维"转向"管理价值思维"。需通过机制重构、文化培育、产教协同，让技术真正服务于管理效能的提升，最终实现"管理优化驱动技术升级，技术赋能反哺管理创新"的良性循环。

二、转变重校内、轻校外的思维

有些高职院校安全管理在思维认知上比较注重校内的信息安全管理，注重在高职院校网的构建、计算机维护和服务上，而对可能来自校外的信息安全威胁较轻视。网络技术的发展打破了地域的限制，农村与城市、国内与国外的界限慢慢模糊，网络领域的安全威胁造成的损失呈现上升趋势。因此，积极转变信息安全管理思维，转变重校内、轻校外威胁的管理思维。

高职院校转变"重校内、轻校外"的信息化管理观念，需突破校园边界，以产教融合为核心，构建开放、协同、服务社会的信息化生态体系。高职院校信息化管理从"校内闭环"转向"校外开放"，需以服务产业、反哺社会为价值导向，通过技术赋能打破物理边界，构建"资源互通、数据互认、人才共育"的数字化生态。

三、正确认识信息安全问题

信息安全已经被提到了国家安全的战略层面，并逐渐成为国家综合国力的重要组成部分。信息资源成为世界各国竞相争夺的对象。随着信息技术的发展，教育信息化、高职院校数字化、信息化已然成为发展趋势。从某种程度上说，信息安全问题不可避免。要通过各种手段，让高职院校师生员工尤其是行政管理人员坚信只要通过科学有效的信息安全管理，就能够有效解决信息安全问题，维护高职院校的安全稳定，维护广大师生员工的合法利益。若在信息安全管理过程中，只看到信息安全问题带来的负面影响，就无法对信息安全问题有一个正确的认识，那么信息安全管理就显得非常被动，就会畏首畏尾。

高职院校树立先进的信息化管理理念是实现教育现代化、提升管理效率和服务质量的重要举措。高职院校信息化管理需以"服务师生、赋能教学、对接产业"为目标，通过技术赋能和管理创新，打造敏捷、智能、开放的教育生态系统。同时需注意避免"重建设轻应用""重硬件轻服务"的误区，真正让信息化成为高质量发展的核心驱动力。

第二节　注重信息化系统建设

一、工作流程化繁为简，精简非必要步骤

高职院校行政管理与服务信息化建设目的是有效地将信息技术与行政管理相结合，在进行信息化建设之初，需要优化高职院校的行政体制机制，树立创新管理理念。首先，从各基层单位开始，进行各自的业务流程梳理，将流程化繁为简，保留必要的审批程序。对于不适合当下情况的冗余审批进行删减，优化审批制度，精简业务流程。

二、梳理部门间工作流程，加强跨部门协调性

跨部门业务流程的梳理存在一定的难度，但同样需要进行流程梳理和优化。可以考虑通过多次召开协调会等方式，进行跨部门沟通，增强部门间的协调性，使业务流程更加合理高效。在对部门间业务处理流程进行整合和优化后，即可在应用服务平台上进行创建，在创建过程中需注意审批节点和审批时限的设定，确保线上业务处理的每个环节都及时高效。

三、完善信息资源库，增强系统融合性

要想增强系统之间的互通共融性，用户告别统计数据重复填报带来的烦恼，就需要建立和完善全校统一的信息资源数据库。同时，也需要以统一的标准进行应用服务平台的建立，在应用服务平台上，教学、科研、财务、人事、资产、后勤等管理均可在这一整合统一的平台上实现，再辅以基础信息资源数据库，各部门数据的采集、存储、处理实现同步记录更新。这样一来，极大增强了行政管理与服务信息化建设的系统融合性。

四、关注前沿信息技术，及时结合最新成果

我国高职院校不断结合信息技术进行信息化建设，教育部也不断出台新的政策制度，鼓励国内高职院校管理与信息技术相结合，提高治理能力。从办公系统自动化到建设智慧高职院校，我国教育在不断地与新兴技术相结合。现阶段，高职院校借助"互联网＋"、大数据、云计算等前沿技术进行行政管理与服务信息化建设，提高行政管理能力，提升行政管理效率。在建设过程中仍需着眼时代前沿，结合最新技术成果。例如，在5G技术迅猛发展的今天，高职院校的行政管理与服务信息化建设也需考虑逐步向5G技术迈进，还有VR技术、机器人技术等，使高职院校行政管理与服务信息化建设真正实现与技术尤其是前沿技术相结合，保证高职院校行政管理发展的前沿性，最终为高职院校教育体制改革，为实现教育现代化建设。

第三节　提高管理人员的技术能力

一、设置独立部门，专门负责建设

行政管理与服务信息化建设是一项系统、复杂而周期长的建设项目，高职院校需要设置专门负责此项工作的部门，如信息化建设办公室，而不是由高职院校办公室或是其他部门兼任此项职能。独立部门可以有充沛的精力，专注于落实信息系统建设工作，不需要被其他事务分心，同时由于本部门被高职院校授权专门负责信息化建设，有利于行政管理与服务信息化建设在全校范围内有力有序推进。

二、组建专业团队，合理设置岗位

有了信息化建设办公室，那么就要考虑部门内部的岗位设置问题。首先，需要设置一名负责人岗位，再根据高职院校行政管理与服务信息化建设程度，综合考虑未来建设工作量，按照需求设置行政统筹协调岗和信息技术专业岗。行政统筹协调岗位的工作人员负责与高职院校其他部门进行沟通协调，梳理高职院校行政管理制度和流程，进行跨部门业务整合，优化流程，为信息化建设奠定基础。信息技术专业岗位的工作人员则需要按照行政管理需要，用十分专业的技术将信息化建设设想变为现实，并且负责后续的调试、管理和运维。专业的团队是高职院校行政管理与服务信息化建设不可或缺的关键因素。在人员配置过程中，若短时间无法满足合理化配置情况下，高职院校可以考虑以外包形式招聘工作人员，但需考虑人员的稳定性因素。

三、设立奖惩机制，激发人员积极性

设立行政管理与服务信息化建设的人员考核机制，配套采取奖惩措施。对于工作态度积极、工作成果出众的人员，给予成效认可并加以奖励，在岗位晋升方面，也要考虑其贡献度。对于工作态度懒散、没有工作成效的人员，予以一定程度的惩罚，鞭策其继续努力。同时，在其他部门和二级学院也可考虑设立奖惩机制，将信息化建设表现加入相关人员考评内容中，以此来调动全校行政管理与服务信息化建设的积极性。

高职院校作为培养技术技能人才的重要阵地，其管理人员的技术能力直接影响学校的治理水平和人才培养质量。尤其在数字化转型背景下，管理人员需具备与职业教育发展相匹配的技术素养。应掌握基础数字化工具应用能力，如掌握 OA 系统、教务管理系统、学生管理平台等核心工具，强化数据安全意识等。管理人员定期参与专业群建设会议，提高专业领域技术认知。高职院校需根据管理人员层级设计差异化的培训内容，设立专项培训经费，例如：对于新入职人员，重点培训基础信息化工具（如 OA 系统、教务管理系统）和智慧教室操作，提高操作熟练度。对于中层管理者，强化数据分析能力和项目管理工具，通过校企联合工作坊邀请企业专家授课，结合真实案例提升实战能力。对于校领导层，聚焦数字化转型战略规划，学习 AI 技术对职教的影响，并制定校级实施方案。高职院校需与企业、行业协会深度合作，构建多元培训模式，整合高校教师、企业工程师和行业专家开发课程，提升培训实效，助力管理人员技术能力与学校发展需求同频共振。

第四节　关注信息化评估

促进高职院校教育信息化建设必须组织教育行政主管部门建立教育信息化建设绩效评估，通过对高职院校行政信息化工作的评估，指导高职院校信息化工作的开展，从而避免盲目建设和浪费现象。信息化绩效评估的根本目的是"以评促进"。信息化绩效评估不仅是信息化建设的指南，而且是衡量教育信息化的尺度。通过开展信息化绩效评估引导高职院校正确制定信息化战略，保障信息化工程实施，促进信息化投入绩效及信息化整体水平的提高，切实增强教育信息化的可持续发展能力和核心竞争力。我国教育信息化的发展已经有 20 多年历史，教育信息化从无到有、从弱到强，呈现发展速度快、使用效率低，投入产出不成比例的特点。每所高职院校在教育信息化方面投入了多少钱、取得的绩效如何等，缺少对高职院校信息化建设的认真调研、评估。这种不评估、不考核的信息化，是不利于教育信息化可持续发展的。我国教育信息化评估还处于初级阶段，对教育信息化的绩效评估还没有形成统一的标准。江苏省各高职院校应尽快开展教育信息化评估，既可促进我省教育信息化科学健康地发展，又可在全国创建一种全新的教育信息化高绩效发展模式。为了确保教育信息化绩效评估的规范和公正，最好由政府制定评估规范，通过社会评估机构来进行评估。

高校信息化评估是教育部门推动教育现代化、数字化转型的重要手段，近年来各地高校纷纷接受评估以提升信息化建设水平。评估要点与指标体系如下：

一是领导力与治理体系。要求高校建立由校领导牵头的网络安全与信息化领导小组，明确信息化职能分工，并制定阶段性规划与年度计划。统筹信息化发展，并将信息化工作纳入部门考核。

二是基础设施与智慧环境。基础网络需覆盖全校，并具备高性能数据中心和云服务能力。智慧教室比例、虚拟仿真实验实训设施、能耗智能管控等是重要观测点。

三是数据治理与数字赋能。要求建立统一身份认证、数据交换中心及流程平台，打破数据壁垒，支撑跨部门协同管理。通过大数据分析优化教学、科研决策。

四是智慧教学与科研。需建设统一的教学资源平台，数字化课程占比需达标，并推动线上线下混合教学模式。科研方面需搭建仪器共享平台和高性能计算服务，促进跨校协作。

五是网络安全与运维保障。制定网络安全管理制度及应急预案，通过等级保护测评，并配备专业运维团队。

高校信息化评估以"以评促建"为核心，通过标准化指标推动数字化转型。未来需进一步强化数据驱动能力、完善安全体系，并探索产教融合的新模式。

第十章

高职院校行政管理与服务展望

第一节　加强信息系统统一规划

高职院校加强信息系统统一规划的必要性如下：

一是打破信息孤岛。高职院校普遍存在多个部门独立建设系统（如教务、学工、财务、人事等），数据难以互通，统一规划可消除数据壁垒。

二是优化资源配置。避免重复建设，降低软硬件采购与维护成本，集中资源投入核心领域。

三是提升管理效率。通过标准化流程和协同平台，实现跨部门业务联动，提高决策支持能力。

四是支撑教学改革。适应产教融合、校企合作需求，为智慧课堂、虚拟仿真实训等提供技术支撑。

高职院校信息系统统一规划需以需求为导向、以数据为核心、以服务为目标，通过"标准化＋个性化"结合，构建灵活可扩展的数字化体系。同时需注重用户体验，避免重技术轻应用，真正赋能职业教育高质量发展。具体实施路径与关键措施如下：

（1）制定战略规划：成立信息化领导小组，明确"统一规划、分步实施"原则，制定 3－5 年信息化发展规划。结合院校特色（如专业群建设、校企合作需求），确定建设优先级。

（2）建立标准体系：统一数据标准、接口规范和技术架构，规范业务流程。

（3）打造校级数据中心：整合各业务系统数据，建立主数据中心，实现"一数一源、共享共用"。部署数据中台，提供数据清洗、分析及可视化服务。

（4）建设统一身份认证与门户：师生通过统一入口访问所有系统。开发移动端应用，覆盖校园生活、教学、办公等场景。

（5）教学管理一体化：整合教务系统、在线课程平台、实训管理平台，支持混合式教学与学分银行。

（6）校企协同平台：搭建产教融合信息平台，对接企业资源，实现实习管理、项目合作在线化。

（7）智慧校园服务：集成一卡通、安防监控、能耗管理等系统，提升校园治理智能化水平。

校级统一信息系统就是高职院校统一组织建设的全局性信息系统，能够支撑高职院校各项业务的有序运转。校级统一信息系统在整合的基础设施、数据环境、用户、权限和流程的基础上，实现信息集成，能够为用户提供集成的、个性化的信息服务。

一是提供实时交流、文档管理、信息共享的科研协作平台，为多学科交叉发展提供网络合作环境；

二是整合数据，通过业务流程的整合和优化、数据的集成，解决部门系统间的信息孤岛问题；

三是整合服务，以用户为中心组织信息资源与服务，使用户从重复性的工作输入和复杂的工作事务处理中解脱出来，以提高工作效率，简化工作方式。

第二节 提高网络的安全性

通过对高职院校行政管理与服务建设过程中数字网络安全问题的分析，我们可以知道非法侵入、数据泄露、系统瘫痪、网络监听等是当前常见的数字网络安全问题，那么我们需要从这些问题的实际情况出发，寻求解决问题的相关运维对策，达到提升高职院校数字网络安全的目的。

一、合理应用无线入侵检测技术

无线入侵检测技术指依照一定的安全策略，对网络、系统的运行状况进行监视，尽可能发现各种攻击企图、攻击行为或者攻击结果，以保证网络系统资源的机密性、完整性和可用性。近些年来，数字网络技术对于入侵技术有一定的要求，要求数字网络的安全管理人员要能够掌握检测技术的种类，并通过对高职院校行政的数字网络进行检测和分析，对非法入侵的类型进行判断。为了保障高职院校网络的安全和稳定，在日常加强监控和分析的工作之外，需要以无线入侵监测系统为基础，了解高职院校行政网络中 MAC 地址概况，找到伪装的 WAP 无线上网用户，不断强化防御系统的管理。在高职院校行政管理与服务数字网络建设中，要建立起完善的认证访问控制形式，通常高职院校数字网络用户分为两种：一种是固定用户，另外一种是流动用户。结合实际的需求和用户分析，以安全界定为基础，采用 802.1x 认证方式对用户进行认证，针对现有认证管理的注意事项，需要做好协议分析工作。

二、加强数据安全管理，制定信息化安全制度

为了保障高职院校行政管理与服务建设中老师和学生个人信息安全，避免个人用户信息外泄事故的发生，并保障高职院校教育教学数据资源的安全和稳定，必须在高职院校行政管理与服务建设中加强对数据安全的管理工作，大力推行信息化安全管理制度。在数字网络使用频率不断增加的背景下，数据传输的安全是必须全力保障的，并要时刻关注行政信息数据传输动态，并配置相关的行政信息安全管理机制，全面预防数据流通外泄现象发生。在进行行政信息数据安全管理的制度里，要实行责任机制，从制度上完善监管机制，加大监管力度，营造良好的行政信息数字网络安全的环境。

三、做好系统运维，制定应急预案

高职院校行政管理与服务建设要以数字网络为中心制定相应的系统运维计划，要不断优化系统承载能力，定期分析用户使用需求和系统服务能力的关系，一旦发生系统瘫痪隐患，要快速拓展数字网络的系统服务能力，同时要避免同一区域内网络共频的

问题，避免多种网络的相互干扰，造成系统稳定性降低的问题。在做好高职院校日常系统的行政服务能力运维监控的同时，为了进一步降低数字网络系统服务瘫痪的风险，提升数字网络服务质量，结合各个高职院校的实际使用情况，要制定相应的应急措施，以前瞻性的措施对可能存在的潜在风险进行提前预防，保障高职院校数字网络系统的安全稳定运行。

四、完善现有虚拟专用网络技术

虚拟专用网络技术指的是在高职院校开放性的公用网络上建立专用网络的模式，以加密系统和隧道形式的应用安全为基础，保障数字网络使用的安全性。虚拟专用网络，其主要功能是在公用网络上建立专用网络，进行加密通信。虚拟专用网络形式具有突然性的特点，能够有效保障网络的整体安全性。具体实施阶段需要在 VPN 建设完成后，为高职院校行政管理服务提供计费以及用户认证的服务，以此来保障数字网络的安全性提升。

五、提高网络安全管理技术水平

在数字网络建设和后续的安全管理中，提升安全管理人员的安全技术水平及安全意识是重点工作。不仅要求安全管理工作人员能够掌握安全管理的类型以及注意事项，还需要掌握足够的故障维修及突发事件处理的能力。对于数字网络的安全管理工作人员来说，安全意识和技术水平一样重要，要不断提升工作人员对

数字网络安全问题的重视程度，明确责任人制度，切实保障高职
院校行政管理与服务建设数字网络的安全运作。

六、优化高职院校行政管理与服务建设数字网络安全管理制度

根据高职院校行政管理与服务建设数字网络安全管理的需求，
要制定相应的规章制度，以制度来约束个人使用数字网络的行为。
具体规章制度包含《数字网络升级管理制度》《软件更新准则》
《网络数据资源管理办法》等，同时依托高职院校教育管理部门，
定期组织相应的数字网络安全培训，提升高职院校广大师生的安
全用网意识，并规范自身的用网行为，加强网络安全管理自主性，
发挥师生数字网络安全管理主体能动性，削减数字网络安全管理
阻力，为解决各类数字网络安全问题铺平道路。

第三节　创新信息化管理模式

一、优化运行环境

随着高职院校行政管理与服务的相关业务扩大，需要的服务器数量急剧增加，个别业务在某些高峰访问时仍然显得负载过重，系统故障和恢复时间过长等问题令管理人员疲于应付，通过构建服务器虚拟集群环境，将已有的一些 PC 服务器，利用服务器虚拟化技术集中到服务器群上，虚拟服务器群能够提供 Linux 和Windows 等多种操作系统，主要运行有 Web 服务、信息门户和一些业务管理系统，实现运行中的虚拟机完全独立的物理服务器迁移，提高了高职院校行政管理与服务的信息管理连续性。在实现高职院校行政管理与服务的创新发展中，则可通过运行环境的优化，实现信息、资源、数据的整合，并利用门户网站，对高职院校行政管理与服务的相关数据进行整合，以行政信息、共享为目标，在信息聚合的基础上，构建信息聚合机制，发挥行政信息资源的作用，完成高职院校行政信息的交换与整合。在对管理模式的选择与应用进行研究中，则可利用信息技术，对行政信息资源进行收集、存储、审批以及整理、定位、转换、分析，从而提高高职院校行政管理与服务的综合水平。例如，在信息平台搭建与应用下，利用信息共享制度以及信息管理制度，对行政信息的重用、复用过程进行综合管理，推进高职院校行政管理与服务的高效率发展。

二、完善信息安全管理制度

信息化管理模式下，高职院校行政管理与服务的创新，还需要从信息安全的角度，对信息安全管理制度、管理方式等进行优化，在整合数字内容的基础上，可通过信息内容管理以及信息服务机制的搭建，提高行政信息安全管理的综合效果。

高职院校行政管理与服务在实现创新发展中，则需要在信息化系统建设下，可通过牵头管理部门，解决院校、部门的行政衔接问题，对进一步提高高职院校行政管理与服务的综合发展水平有促进作用。高职院校在组建牵头管理部门后，可通过行政信息集成化平台，实现行政信息的有效共享，为后续的高职院校行政管理与服务决策提供参考依据。高职院校行政管理与服务的信息平台搭建，可通过统一的 SOA 软件架构，利用 Web 服务器，实现数据交换以及信息处理，从而满足高职院校行政管理与服务的信息化转型发展需求。在整合信息平台系统及信息资源共享的视角下，以行政信息整合与行政管理的方式，实现高职院校行政管理与服务水平提升。

教育部办公厅关于加快推进现代职业教育体系建设改革重点任务的通知

教职成厅函〔2023〕20 号

各省、自治区、直辖市教育厅（教委），新疆生产建设兵团教育局：

为深入贯彻党的二十大精神，落实中共中央办公厅、国务院办公厅印发的《关于深化现代职业教育体系建设改革的意见》，加快构建央地互动、区域联动、政行企校协同的职业教育高质量发展新机制，有序有效推进现代职业教育体系建设改革，现就有关事项通知如下。

一、重点任务

（一）打造市域产教联合体

各地要按照《教育部办公厅关于开展市域产教联合体建设的通知》（教职成厅函〔2023〕15 号）要求，积极打造兼具人才培养、创新创业、促进产业经济高质量发展功能的省级市域产教联合体。充分发挥政府主导作用，建立政行企校密切配合、协调联动的工作机制，推动市域产教联合体实体化运作。搭建共性技术服务平台，建设一批产教融合实训基地，广泛开展中国特色学徒制培养，引导联合体内企业广泛接收职业院校学生开展实习实训，支持学校服务企业技术创新、工艺改进、产品升级，促进教育链、人才链与产业链、创新链紧密结合。省级教育行政部门负责领导本省级行政区域的市域产教联合体建设，要防止一哄而上、盲目建设。教育部将加强对市域联合体工作和运行的过程管理和动态管理。第二批国家级市域产教联合体原则上从省级市域产教联合体中择优产生。

（二）打造行业产教融合共同体

各地要支持龙头企业和高水平高等学校、职业学校牵头，联合行业组织、学校、科研机构、上下游企业等共同参与，组建一批产教深度融合、服务高效对接、支撑行业发展的跨区域行业产教融合共同体。建立健全实体化运行机制，有组织开发优质教学评价标准、专业核心课程、实践能力项目和教学装备，培养行业急需的高素质技术技能人才。建成一批行业领先的技术创新中心，形成同市场需求相适应、同产业结构相匹配的现代职业教育结构和区域布局。教育部将在先进轨道交通装备、航空航天装备、船舶与海洋工程装备、新材料、兵器工业 5 个领域进行首批布局，并有计划地在新一代信息技术产业、高档数控机床和机器人、高端仪器、能源电子、节能与新能源汽车、电力装备、农机装备、生物医药及高性能医疗器械等重点行业和重点领域，指导建设一批全国性跨区域行业产教融合共同体，带动地方建设一批赋能区域经济发展、服务地方特色产业的区域性行业产教融合共同体。

（三）建设开放型区域产教融合实践中心

各地要面向国家重大战略和区域经济发展，对标产业发展前沿，建设一批集实践教学、社会培训、真实生产和技术服务功能为一体的学校实践中心、企业实践中心和公共实践中心（以下简称实践中心）。实践中心要积极协调各类资源，加强经费和人员投入，围绕企业生产经营过程中的关键问题开展协同创新，聚焦行业紧缺高技能人才开展联合培养，产出一批支撑区域产业和经济社会高质量发展的突出成果。到 2025 年，建成 300 个左右全国性实践中心，带动各地建设一批省级和市级实践中心，形成国家省市三级实践中心体系，职业教育的实践教学质量和服务能力全面提升。

（四）持续建设职业教育专业教学资源库

适应职业教育数字化转型趋势和变革要求，加快构建校省国家三级中职高职本科全覆盖的职业教育专业教学资源库（以下简称资源库）共建共享体系。资源库要围绕某个专业开展建设，涵盖专业人才培养方案、课程教学资源、知识图谱、必备技能以及对应的职业岗位标准，覆盖全部专业核心课程，扩展建设必要的专业基础课程，为学习者提供便捷高效的全流程学习服务。各校要深化国家职业教育智慧教育平台应用，优先使用全国性、区域性资源库，鼓励根据人才培养需要建设有特色的校级资源库。各地要强化区域统筹，建设服务当地产业和地域特色的区域性资源库，推动各级资源库接入国家或省级职业教育智慧教育平台，主动接受应用情况监测。教育部将在推进现有国家级资源库完善升级、动态管理的同时，在专业基础好、资源质量好、使用效果好、行业企业需求迫切、示范引领作用明显的区域性资源库的基础上，继续有组织建设一批全国性资源库。到 2025 年，建成一批全国性资源库，带动地方建设 1 000 个左右区域性资源库，基本实现职业教育专业全覆盖。

（五）建设职业教育信息化标杆学校

各校要积极落实《职业院校数字校园规范》，建设校本大数据中心，建设一体化智能化教学、管理与服务平台，持续丰富师生发展、教育教学、实习实训、管理服务等应用场景，落实网络安全责任。各地要强化统筹，加大财政支持力度；指导学校系统设计校本数字化整体解决方案；组织学校有序接入"全国职业教育智慧大脑院校中台"，接受管理监测。教育部将在数字资源丰富、功能应用强大、赋能效果良好的区域性信息化标杆学校的基础上，有组织地指导建设全国性信息化标杆学校。到 2025 年，建成 300 所左右全国性信息化标杆学校，带动建设 1 000 所左右区域性信息化标杆学校，推动信息技术与职业院校办学深度融合。

（六）建设职业教育示范性虚拟仿真实训基地

各校要瞄准专业实训教学中"高投入高难度高风险、难实施难观摩难再现"等现实问题，结合自身实际，建设职业教育虚拟仿真实训基地（以下简称虚仿基地）。虚仿基地要有效运用虚拟现实、数字孪生等新一代信息技术，开发资源、升级设备、构建课程、组建团队，革新传统实训模式，有效服务专业实训和社会培训等。各地要加强统筹管理，根据区域产业结构，因地制宜、合理布局建设区域性虚仿基地；引导各虚仿基地共建共享共用虚拟仿真实训资源，积极向国家或省级职业教育智慧教育平台推送优质资源。教育部将在专业实训基础条件好、信息化水平高、应用成效明显的区域性虚仿基地的基础上，有组织地指导建设全国示范性虚仿基地。到 2025 年建成 200 个左右全国示范性虚仿基地，带动各地 1 000 个左右区域示范性虚仿基地建设，推动职业院校技术技能人才实训教学模式创新。

（七）开展职业教育一流核心课程建设

支持各地结合区域重点产业发展需求，统筹在线课程和线下课程，推进本地区职业教育一流核心课程建设和实施。到 2025 年，围绕现代化产业体系建设需要，以专业核心课程改革为切入点，面向行业重点领域，建成 1 000 门左右课程内容符合岗位工作实际并充分纳入新技术、新工艺、新规范，课程设计符合因材施教规律并充分融入课程思政、教学实施符合以学生为中心理念并充分运用数字技术手段、教学评价充分关注学生全面成长的全国性职业教育一流核心课程，引领职业教育"课堂改革"，提升关键核心领域技术技能人才培养质量。

（八）开展职业教育优质教材建设

支持各地在"十四五"职业教育国家规划教材范围内建设 2 000 种左右全国性职业教育产教融合优质教材。优质教材建设将重点面向战略性新兴产业、先进制造业、现代服务业、现代农业等领域，深化产教融合、协同育人，科学严谨、内容丰富、形态多样、反映行业前沿技术，鼓励行业牵头或行业、企业、学校等共同开发。到 2025 年，通过建设和宣传推介，大幅提升优质教材的影响力和选用比例，有效发挥优质专业课程教材的示范辐射作用。

（九）开展职业教育校企合作典型生产实践项目建设

支持各地组织校企共同开发 200 个全国性典型生产实践项目，引导学生在真实职业环境中学习应用知识和职业技能。校企合作典型生产实践项目建设要基于企业真实生产过程，融入行业最新技术和标准，充分体现新技术、新工艺、新规范以及深度运用数字技术解决生产问题的能力。到 2025 年，通过分批部署、持续建设，扩大优质资源共享，力争形成以企业典型生产实践项目为载体的职业教育教学模式新突破，有效提升人才培养针对性和适应性。

（十）开展具有国际影响的职业教育标准、资源和装备建设

支持各地立足区域优势、发展战略和产业需求，围绕"教随产出、产教同行"，建设和推出由我国职业学校牵头开发，业内领先、基础良好、产教融合特征显著、具有较高国际影响力和认可度的 30 个左右职业教育标准（包括但不限于专业、教学、课程、实习实训、教学条件、师资、培训、校企合作等方面的省级或学校标准），100 个左右优质教学资源（包括但不限于教材、课程资源、教学项目、案例、培训资源、数字化资源或平台、专业建设一体化解决方案等），20 个左右专业仪器设备装备（包括但不限于设备装备、教辅设备、生产线装备、AI 或 VR 设备）。到 2025 年，

形成一批具有较高国际影响力的职业教育标准、资源和装备体系，持续打造中国职业教育国际化品牌，建立职业教育国际化品牌项目培育、发展和推广机制，提升中国职业教育国际影响力和竞争力。

（十一）建设具有较高国际化水平的职业学校

各地各校要坚持"教随产出、产教同行"，立足学校骨干（特色）专业，"走出去"和"引进来"双线发展并有所侧重，引进国外优质职业教育资源，扩大来华留学和培训规模，做强若干中国职业教育国际合作品牌，有组织地打造具有中国特色的职业教育境外办学项目、海外职业技术学院和海外应用技术大学，培养一批适应国际化教学需要的职教师资，培养一批服务中国企业海外发展的本土化技术技能人才，整体提升职业学校国际化水平。到2025年，分三批支持300所左右的中国特色、具有较高国际化水平的职业学校。

二、推进机制

（一）自主建设

各重点任务建设指南将在现代职业教育体系改革管理公共信息服务平台（网址：http：//zj.chinaafse.cn/，以下简称管理平台）予以公布。各地要积极组织有关政府部门、学校、企业、产业园区承接重点任务，明确各重点任务牵头建设单位（以下简称建设单位），根据各重点任务建设指南的要求，整合教育产业政策资源、形成建设方案（含年度绩效目标）并上传管理平台，自主开展建设，接受监督调度。各项目咨询联系人及联系方式见附件。

（二）统筹推进

各地要强化省级统筹，将重点任务建设情况纳入深化现代职业教育体系建设改革工作中整体部署，落实对职业教育工作的统筹规划、综合协调、宏观管理，会同相关部门加强工作指导、协调支持经费、加大政策供给，每年总结工作进展，定期向省级党委教育工作领导小组报告。

（三）考核激励

教育部通过管理平台对各地重点任务建设情况进行过程管理，定期采集绩效数据，每年通报工作进展。各地重点任务建设情况将作为遴选职业教育改革成效明显地方、"双高计划"建设、"双优计划"建设，现代职业教育质量提升计划资金分配和国家新一轮重大改革试点项目布局的重要依据。教育部政府门户网站将开辟"职业教育体系建设改革"专栏，及时宣传各地各校典型经验。

三、时间安排

（一）2023年7月30日起，各建设单位可登录管理平台进行单位注册登记，按照各重点任务的时间节点和工作要求，填报相关数据信息，上传建设方案（含佐证材料）。各地要通过管理平台及时审核推荐，并按程序报至教育部（职业教育与成人教育司）。

（二）自 2023 年起，每年 12 月 15 日前，各建设单位要通过管理平台填报绩效数据，撰写并上传年度工作报告。各地要对各建设单位年度建设成效进行考核评价，分任务撰写并上传省级总结报告。

教育部办公厅

2023 年 7 月 7 日

教育部关于加强新时代教育管理信息化 工作的通知

教科信函〔2021〕13号

各省、自治区、直辖市教育厅（教委），新疆生产建设兵团教育局、部属各高等学校、部省合建各高等学校，各直属单位：

教育管理信息化作为教育信息化的重要组成部分，是以信息系统、数据资源、基础设施为基本要素，利用信息技术转变管理理念、创新管理方式、提高管理效率，支撑教育决策、管理和服务，推进教育治理现代化的进程。为加强新时代教育管理信息化工作，有效解决系统整合不足、数据共享不畅、服务体验不佳、设施重复建设等突出问题，现就有关事项通知如下。

一、总体要求

以习近平新时代中国特色社会主义思想为指导，深入贯彻党的十九大和十九届二中、三中、四中、五中全会精神，全面贯彻落实全国教育大会精神，深化教育领域"放管服"改革，以数据为驱动力，利用新一代信息技术提升教育管理数字化、网络化、智能化水平，推动教育决策由经验驱动向数据驱动转变、教育管理由单向管理向协同治理转变、教育服务由被动响应向主动服务转变，以信息化支撑教育治理体系和治理能力现代化。

二、工作目标

到 2025 年，新时代教育管理信息化制度体系基本形成，信息系统实现优化整合，一体化水平大幅提升；数据实现"一数一源"，数据孤岛得以打通，数据效能充分发挥；在线服务灵活便捷，"一网通办"深入普及，服务体验明显提升；现代化的教育管理与监测体系基本形成，多元参与的应用生态基本建立；教育决策科学化、管理精准化、服务个性化水平全面提升，支撑构建高质量教育体系。

三、重点任务

（一）加强教育管理信息化统筹协调

1. 加强教育管理信息化组织领导。加强教育管理信息化的组织领导，建立"主要负责人牵头抓"的工作机制。明确信息化职能部门和技术支撑单位，加强教育管理信息化的总体设计和制度建设，保障各项重点任务落实到位。教育行政部门应加强与地方政府信息化职能部门的协同联动，明确职责分工，共同保障教育管理信息化的健康可持续发展。规范市场主体参与教育管理信息化建设和运维的行为，构建政府、企业、学校共同参与、协同推进的工作格局。

2. 构建教育管理信息化分工机制。建立"中央统筹、分级推进、逐级负责"的教育管理信息化责任体系。教育部统筹教育系统的教育管理信息化工作，指导部属单位和省级教育行政部门落实重点任务；通过国家教育管理公共服务平台（以下简称国家管理平台），面向教育系统提供中央统筹管理的核心应用服务。省级教育行政部门统筹本地区的教育管理信息化工作，指导所属单位和地市级教育行政部门落实重点任务；对接国家管理平台，根据地方实际为本地区教育机构提供通用应用服务。各单位负责本单位教育管理信息化建设和运维，落实主体责任。

3. 完善教育管理信息化制度体系。建立覆盖教育管理信息化工作各要素的工作制度，明确信息系统、教育数据、管理服务等方面的管理要求，规范对信息化建设项目的申报立项、招标采购和实施验收，规范信息资产的新增购置、日常运维和更新替代，形成信息系统名录、数据资源目录、服务事项目录和信息基础设施清单。建立教育管理信息化标准体系，完善技术、服务和质量标准，加强国家标准、行业标准、地方标准、团体标准、企业标准间的有机衔接，充分发挥标准的基础性作用。

（二）优化信息系统供给模式

1. 加强信息系统规范管理。新建信息系统立项应由信息化职能部门统一审核，落实集约建设、整合共享、安全保障等要求。规范信息系统互联网协议地址和域名管理，建立统一分配、统一管理、统一授权的网络接入认证制度。鼓励学校使用中国教育和科研计算机网（以下简称教科网）域名（edu. cn），提高信息系统标识度。建立信息系统名录制度，定期开展信息系统普查，更新信息系统名录，排查非本单位互联网协议地址和域名（双非）的信息系统，清理业务应用脱节、资源长期闲置、运维停止更新的"僵尸"系统。

2. 推进信息系统深度整合。制定信息系统开发运行的统一规范，加强信息系统深度整合和集约管理。推动统一开发管理，明确信息系统的技术框架、数据规范和接口标准；推动统一用户管理，实现基于实名身份认证的集中授权和单点登录；推动统一运维保障，实现信息系统集中运维和安全防护。鼓励教育行政部门和高等学校通过建设网站群和通用业务服务平台，实现低成本、短周期、高质量的管理信息化应用开发，探索以提供应用服务替代建设信息系统，为本地区、本单位提供优质、便捷的服务。

3. 促进应用服务创新发展。推动国家管理平台的开放，鼓励地方教育行政部门和学校与国家管理平台进行对接，开发特色应用服务。促进教学与管理平台的深度融合，根据业务流和数据流推动信息系统的业务协同，全面支撑教育教学、管理服务等环节。推动资源公共服务平台和管理公共服务平台的互通、衔接与开放，建设"互联网＋教育"大平台，建立"政府引导、社会参与、用户选用"的应用服务供给机制，引导高校、企业、社会组织等提供服务，培育多元参与的应用生态。

（三）提高教育数据管理水平

1. 加强教育数据规范管理。完善教育数据管理制度，建立数据标准体系，规范数据采集、存储传输、使用处理、开放共享等全生命周期的数据活动。基于数据应用和共享建立数据资源目录的动态更新机制，全面掌握教育数据使用情况。开展数据分类分级工作，形成数据溯源图谱，明确各类数据的数据源。按照"一数一源"的原则，根据实现处理目的最小范围，规范数据收集使用范围，优先通过共享获取数据，避免重复采集。

2. 促进教育数据开放共享。坚持以共享为原则、不共享为例外，推动教育数据共享。建立数据共享审核制度，明确各类数据共享属性和范围，规范数据共享工作流程。探索建立数据共享责任清单制度，简化数据共享流程，促进数据有序流动。建设教育数据共享开放平台，加强数据共享的集中管理，实现数据动态汇聚和实时更新，重点推动不同教育阶段学籍数据的互联互通。积极推进跨部门数据共享，稳步推进教育数据向社会开放，促进数据的开发利用，支撑教育决策和管理。

3. 强化教育数据质量保障。建立数据质量评估制度，保障数据的真实性、准确性、合规性、一致性。加强与国家法人单位基础信息库、国家人口基础信息库等权威数据源的对接，定期开展数据比对校核工作。探索基于学校日常教育教学和行政管理的数据伴随式采集，按职责权限推动国家管理平台的数据共享，与教育行政部门和学校建立定期比对的数据纠错机制，鼓励在应用中提高数据质量。推动教育统计数据和业务数据的协同联动，落实保障统计数据准确性的法定义务，巩固统计数据的权威地位。

4. 提升教育数据管理效能。充分发挥数据的作用，推动教育科学决策、精准管理和个性服务。通过跨地域、跨层级、跨部门的数据共享，支撑招生计划、就近入学、学生资助、安全防控等教育决策，提高决策科学性。通过促进教学数据和管理数据的汇聚和共享，建立教育大数据分析模型，全面、精准地掌握学校和师生情况，为教育评价、"双一流"建设等改革任务提供数据支撑。探索基于大数据的用户行为分析，为广大师生提供个性化的教育服务，促进学生的个性化成长。

（四）促进管理服务流程再造

1. 促进教育行政办公数字化。系统分析日常办公业务需求，明确各项办公业务的内容、流程和要求。聚焦文件流转、内部审批等行政办公重点应用，逐步实现全流程、全业务线上办公。积极推动视频会议、远程协同办公等新型办公形式，降低行政成本，提高办公灵活度。聚焦多部门协同办理的行政办公痛点，以信息化手段优化办公流程，提升管理效能。积极推进移动办公，将办公应用向移动端延伸。

2. 实现教育管理服务"一网通办"。全面梳理面向学校、师生、家长和校友提供的管理服务事项，精简归并不同层级、部门的同类事项，规范工作流程，形成办事指南。利用一体化教育服务平台，推动管理服务全程网上受理、网上办理和网上反馈，实现"一号申请、一窗受理、一网通办"。推动管理服务"减流程、减证明、减时间"，凡可通过共享获取和核验的数据，原则上不得要求用户提供，让数据多跑路、群众少跑腿；探索建立信用承诺、容缺受理制度，最大程度减少管理服务前置条件、精简流程环节、缩短办理时间。

3. 推进教育督导和监管信息化。利用新技术、新应用，整合构建全国统一、分级使用、开放共享的教育督导信息化管理平台，推进督导工作从定性评估转向精准评估，从人工督导转向智能实时督导。依托"互联网＋监管"系统，支撑"双随机、一公开"监管和非现场监管，强化事中事后监管和教育行政执法，完善跨部门、跨区域、跨层次的联合监管，探索基于大数据分析的信用监管。建立扁平化的教育社会监督平台，实现智能化投诉举报受理、分发和处置，构建多元共治的监管格局。

（五）提高基础设施支撑能力

1. 加强网络环境建设。充分发挥教科网作用，保障招生录取、在线教学、科学研究等教育核心业务。提高电子政务外网覆盖率，依托电子政务外网开展数据共享和业务协同。推进 5G 等网络技术的广泛应用，推动无线校园建设。深入推进 IPv6 规模部署行动，原则上新建信息系统应支持 IPv6 访问，新建网络应支持 IPv6 组网。探索物联网在校园一卡通、智能图书馆、人员与设备管理等场景中的应用，为精准化管理提供支撑保障。

2. 规范数据中心建设。科学合理地规划、布局和建设数据中心。县级教育行政部门和中小学校原则上不建设数据中心，统一使用上级政府或教育行政部门部署的数据中心。地方政府要求统一接入政务云的地区，教育行政部门按照地方部署做好系统迁移。鼓励有条件的省级教育行政部门采用混合云方式建设教育云，为本地区的教育行政部门和学校提供服务。自建数据中心的单位应建立健全资源调配、应急管理和容灾备份等制度，保障高效、安全和稳定运行。

3. 构建数字认证体系。完善教育数字认证基础支撑体系总体规划，建立统一的教育系统密码基础设施和支撑平台。建设基于"一校一码、一人一号"的数字认证互联互通互认体系，实现跨平台的单点登录。推动以智能终端为载体的多因子认证，探索手机短信、移动协同签名等多种认证方式，提升服务体验。数字认证使用的密码技术和产品应符合国家密码管理部门要求。探索推动区块链技术在招生考试、学历认证、学分互认、求职就业等领域的应用，提高数字认证可信性。

4. 提升安全保障能力。全面落实《中华人民共和国网络安全法》等法律法规和政策要求，建立健全网络安全责任体系，明晰各方职责。落实网络安全等级保护制度，重点保障关键信息基础设施。开展网络安全监测预警通报，提升网络安全态势感知能力。建立供应链安全管理体系，定期组织审计，优先选用具有自主核心技术以及安全性达到要求的国产化产品。全面加强数据安全保障，建立覆盖全生命周期的数据安全保障机制，重点保护广大师生和家长，特别是未成年人的个人隐私信息。

四、保障措施

（一）加强队伍建设。打造技术精湛、结构合理、精简高效的专业队伍。建立和完善适应网信特点的人事薪酬制度，突出专业性和实用性，培养和吸引更多优秀人才。创新人才使用方式，鼓励通过购买社会服务、实行岗位交流、健全产学融合等方式引入外部资源，打破身份界限。建立健全多层次、多形式、重实效的培养培训体系，定期开展管理人员、技术人员、系统用户培训，提高管理意识和技术保障水平。

（二）保障经费投入。加大教育管理信息化投入，为系统建设、运行维护、安全防护、应用培训、服务运营、队伍建设等提供必要保障。建立科学、合理的运行维护经费测算制度，保障信息化软硬件的有序更新和信息系统的安全、稳定运行。引导企业等社会力量参与，探索购买服务等供给新方式。落实国家关于生均公用经费可用于购买信息化资源和服务的政策，建立常态化的教育管理信息化保障机制。建立健全经费监管体系，保障经费使用合法合规，提高经费使用效益。

（三）完善监督评估。建立多方参与、共建共治的教育管理信息化监督评估机制。建立教育管理信息化发展评价指标体系，将整合共享、政务服务等重点任务纳入对各地政府履行教育职责的督导评估。构建以用户为中心，师生、家长共同参与的用户评价和反馈机制，不断完善教育管理信息化工作。建立教育管理信息化发展水平动态监测和第三方评估机制，定期发布评估报告，积极探索质量监测与效果评估的常态化、实时化、数据化。

教育部

2021 年 3 月 10 日

参考文献

［1］高健磊. 新时期高校管理与发展路径探索［M］. 北京：中国政法大学出版社，2021.

［2］罗忆南，李勇男. 高校管理创新与实践［M］. 北京：新华出版社，2014.

［3］季飞. 中国高校内部管理"去行政化"研究［M］. 北京：世界图书出版公司，2014.

［4］任萍萍. 教育信息化的"中国智慧"：校长访谈录［M］. 北京：北京师范大学出版社，2023.

［5］陈琳. 以教育信息化推动教育现代化研究［M］. 北京：科学出版社，2020.

［6］齐菲. 当代高校教育教学管理研究［M］. 北京：中国科学文化音像出版社，2022.

［7］高冠南. 高职院校学生管理工作信息化体系的构建策略［J］. 科教导览，2023（13）.

［8］杨虹. 基于系统管理理论的高职院校信息化建设路径研究［J］. 课程教育研究，2019（21）.

［9］鞠峰. "互联网＋"时代背景下高职院校学生管理信息化

的调查思考［J］.科技资讯，2023（13）.

［10］姚露.大数据时代下高职学生管理的信息化建设探讨［J］.科技风，2022（11）.

［11］陈柏林.高职院校行政管理工作信息化建设初探［J］.现代经济信息，2015（20）.

［12］陈亮，马健云.信息技术视阈下高水平高职学校建设模式探究［J］.高等工程教育研究，2019（6）.

［13］黄燕涛.大数据背景下职业院校学生管理工作信息化重构［J］.职业教育研究，2024（3）.

［14］王峰.高职院校教学管理信息化建设的探索［J］.新课程研究，2016（5）.

［15］廖新琳.高职院校教学管理信息化建设思考［J］.高教学刊，2015（4）.

［16］李杰.基于大数据背景的学生教育管理创新分析［J］.现代职业教育，2019（29）.